まねて覚える点図入門

…… エーデルがひらく図形点訳の世界 ……

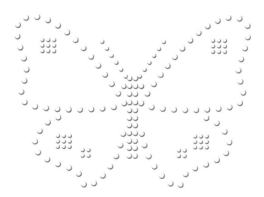

はじめに

　この本は、書名のとおり、「エーデル」という図形点訳ソフトの使い方をまねて覚えることができるように工夫された本です。「図形点訳」のことを単に「作図」ともいいますが、本書で実際の作図工程を追いながら、その手順を"まねる"だけで確実にあなたの作図力が向上することでしょう。その意味で、図形点訳ソフト「エーデル」に興味をもっている方にとって最適の入門書となっています。

　さて、図形点訳をする人が視覚障害のある人から作図を依頼されたとき、必ず悩むことがあります。「どんなときに、どの大きさの点を使えばよいのか」「描き出し位置が決められない」「これじゃ、図が小さすぎるかな」「こんなにくっつけて描いてしまっていいのかしら」……等々。そして、究極のお悩みはといいますと、「私の図、見えない人が触って、果たしてわかるのかしら？」ではないでしょうか。

　私は、長らく社会科系の盲学校教員として、また、自身が全盲の触図利用者として、共著者の畑中滋美さんと、数多くの図形点訳を手がけてきました。公的な依頼を受けて、教科書の点訳や図版入りの参考書点訳などに取り組む中で、私たち二人が所属する点訳サークルである「ぼちぼち会」のみなさんとも、わかりやすい点図について検討を重ねてきました。そこで培った、利用者である視覚障害のある人にとって読みやすい作図とするためのノウハウが、本書の作図例には凝縮されています。
　私たちが案内する手順どおり、"なやむより、まねろ"の精神で、ぜひ、マウスを動かしてみてください。きっと、手順通りマウスを動かすうちに、あなたも仕上がりに自信がもてるようになっていくことでしょう。おそらくもう、あなたのお悩みが顔を出すことはないと思います。

　ともに点訳活動をすすめてきた点訳サークル「ぼちぼち会」のみなさんのお陰で私はたくさんのエーデル作図と出会うことができ、たくさんのことを考える機会をいただきました。心より感謝しております。また、本書をまとめるにあたり、原稿整理とともに本書の読者第1号となって作図体験をしてくださった研究室の琵琶さんにもこの場を借りて御礼申し上げます。

2014年12月
宮城教育大学教授　　長尾　博

もくじ

はじめに ………………………………………………………………………… 2

本書の特色と図形点訳ソフト「エーデル」の紹介 ………………………… 4
作図を始める前に ……………………………………………………………… 9

基礎基本編
- 第1章 原図通りには描かない4つの基本的な約束事項 …………… 17
  - コラム 点図と遠近法 ………………………………………………… 19
- 第2章 直角三角形を描く …………………………………………… 25
- 第3章 立体（四角錐・円錐）を描く ……………………………… 33
- 第4章 一次関数のグラフを描く …………………………………… 43
- 第5章 折れ線グラフを描く ………………………………………… 55
  - コラム 補点の役割と使い方 ………………………………………… 66
- 第6章 棒グラフを描く ……………………………………………… 67
- 第7章 円グラフを描く ……………………………………………… 75

補章 グラフ点訳のための頭の整理 ……………………………… 84

応用活用編
- 第8章 断面図に変換して描く実験図 ……………………………… 89
- 第9章 下絵をなぞって作図する地図 ……………………………… 101
- 第10章 視点を変えて本質のみを伝える領土・領海・領空図 …… 111
- 第11章 2枚に分図して表す天球図 ………………………………… 125

索引 …………………………………………………………………………… 143
著者紹介 ……………………………………………………………………… 144

本書の特色と図形点訳ソフト「エーデル」の紹介

◆ この本の特徴は…

とにかく"まねて"作図力をアップ

　各作図例は、「描き方」と「アドバイス」からなっています。すべての作図手順は、工程ごとに箇条書きでまとめてあります。また、ほぼ全工程に実際のエーデル操作画面を配置しています。ちょっと便利な別操作やその手順の解説などは、その都度「POINT」欄にまとめています。また、墨字原図の点図化のためのヒントなどは「ADVICE」欄を設けました。手順ごとにまずは"まねて"一度描いてみましょう。

　すると、2度目からは、画面見本を見ながら、見出し行のみを読み進めるだけで簡単に復習ができます。ぜひ繰り返し作図してみてください。本書はあくまで作図の一例集ですので、二度三度と描いていくうちに、きっと新たに気づく作図法も見えてくるでしょう。そのときは、あなたも立派なエーデル使いの一人となっていることでしょう。

教科書点訳にもすぐに対応できる作図力をアップ

　現在、図形点訳のニーズの多くは、教科書や学習参考書、各種試験問題などに含まれる図の点訳です。そこで、本書では、実際の中学校用教科書に出てくる図を原図としています。各作図例ページに掲載している教科書用の原図をどのように点図に仕上げていくか、どのように描けば触ってわかる点図になるのか、この悩ましい問題も、作図手順通りにマウスを動かすだけで解決することでしょう。作図例は11種と一見少ないように思えますが、多くの図形点訳が求められる社会科系・理数系の基本図形の作図技法がこの11種には凝縮されています。

見本ファイルをダウンロードして作図力をアップ

　著者・長尾博が開設しているウェブサイト〈ムツボシくんの点字の部屋〉内の「ムツボシくんの思索室」からは、本書で実習するすべての作図例のエーデルファイルがダウンロードできます（エーデルのバージョンVer.6.56についても、藤野稔寛さんの許諾を得て、ダウンロードできるようになっています）。ダウンロードできるエーデルファイルには、完成図はもとより、「描き方」の手順番号に対応する各工程ごとのエーデルファイルもあります。これらを活用することで、実際のあなたの実習をサポートします。

　〈ムツボシくんの点字の部屋〉内「ムツボシくんの思索室」の本書作図例
　エーデルファイルのダウンロード先
　http://nagao.miyakyo-u.ac.jp/shisaku/shisaku-top.html

◆エーデルで何ができるのか

　文字としての点字ではなく、点線や点による塗りつぶしなど点字プリンタで打ち出せば、触覚的に読み取れる図（点図）が描けるソフトを「図形点訳ソフト（点図ソフト）」といいます。この本は、図形点訳ソフトとして、世界にも類を見ない精密な点図が描ける「エーデル」の入門書です。「エーデル」は、徳島県立徳島視覚支援学校の元教諭である藤野稔寛さんがつくられたフリーソフトです。次の藤野さんのホームページより、エーデルの特徴を簡単に紹介しておきましょう。

【参考HP】エーデルで図形点訳の世界を広げましょう！
http://www7a.biglobe.ne.jp/~EDEL-plus/

図形の種類が多い

　図形には点・自由曲線・斜線・縦線・横線・折れ線・弓線・長方形・正方格子・枠線・円・楕円・円弧・放物線・無理関数のグラフ・双曲線・三角関数のグラフなどの種類があり、それらの図形が簡単に描けます。また、いくつかのパターンによるペイント機能を備えています。

大きさなどの違う4種の点が使える

　点字プリンタとして、「ESA721ver'95」を用いると、点の大きさは3段階に切り替えられます。また、解像度はB5で480×684ドット、A4で600×745ドットと高く、点の間隔も18段階で変化させられるため、なめらかな点図を描くことができます。また、3種類の点の他に、印刷されない点種「補点」があり、これを用いて下書きをしたり補助線を引いたりすることができます。

作図を援助する多くの編集／変形機能がある

　「編集／変形」機能では、任意の領域を長方形枠または多角形枠で指定して、多彩な複写や移動・消去ができます。また、図の拡大・縮小や点種の変更が行えます。この他、図形の描画や複写などにおいて指定する位置をグリッド点（格子点）に限定する機能、取り消しとやり直し機能、異常に接近した点を検出して自動的に処理する機能、エーデル専用クリップボードなど、きめ細かな編集機能をもっています。

点字の書き込み・墨訳（カナ表示）ができる

　図の中に点字を書き込むことができます。このとき、任意の位置に書き込むモードと片面印刷用、または、両面印刷用の定位置に書き込

むモードとがあります。点字の入力方法も、フルキーローマ字変換入力や6点点字入力など多くの方式に対応しています。また、画面上の点字をカナ表示する墨訳機能、点字を黒い点として普通のプリンタに印刷する墨点字印刷機能もあります。

　この他にも、点図入りの点字本が製作できるエーデルブック機能、スキャナで取り込んだ画像を下書き用の絵として利用できる下絵機能など、数え上げれば切りがないほどです。また、関連ユーティリティソフトも多彩であり、現在も新機能を搭載しつづけ、進化しつづけるエーデルファミリーからは目が離せないところです。

◆エーデルを使えるようにしよう

A．エーデルのダウンロードとインストール

　本書で用いるエーデルのバージョンはVer.6.56です。次からダウンロードしてください。

　　エーデルのダウンロードページ
　　http://www7a.biglobe.ne.jp/~EDEL-plus/EdelDownLoad2.html
　　こちらから「エーデルパック（2014.8.31現在）のEdelPack661.exe」をダウンロードしてください。

　　※ここでダウンロードできるエーデルのバージョンは、Ver.6.61ですが、本書で扱っているVer.6.56と機能は変わっていませんので、このバージョンをダウンロードしていただいてだいじょうぶです。

　対応ＯＳは、Windows 8、7、VISTA、XPです。Windows 95/98/98SE/ME/2000 でも動くとありますが、こちらのテストは不十分のようです。

　インストールは極めて簡単です。
①ダウンロードした「Edelpack661.exe（1.99MB）」をダブルクリック。
②「不明な発行元」として注意喚起画面が出ますが、「実行」をクリック。するとインストール画面となります。
③画面の指示に従って「次へ」をクリック、これを3回続けて進めていきます。
④「エーデルパック 1305 のインストールは成功しました！ インストールを完了するために「完了」を押してください」というメッセージが出ます。「完了」をクリック。

　インストールは無事終了となります。

B. エーデルの起動

　エーデルをインストールすると、デスクトップ画面には図のような3つの新たなアイコンが作成されます。

　このうち、「エーデルver.6.61」というアイコンが起動アイコンです。これをダブルクリックして、次章からの作図に備えましょう。

このアイコンで起動

C. エーデル7について

　先のエーデルソフトのダウンロードページの冒頭には「エーデル7パック」（2014年11月3日更新、Ver.7.25）という進化中のエーデルも掲載されており、ダウンロード可能となっています。これは、図形点訳機能に加えて、エーデル自体に点字編集機能を装備しようとする作者藤野稔寛さんの画期的な開発ソフトです。

　ただ、本書では、次の理由からこのエーデル7による作図説明はしておりません。点図内に書き込む点字の扱いがエーデル7ではまだ使いにくいのです。エーデル7のヘルプにも書かれているのですが、「文章の点字は、点図ではないので図の編集・変形の対象にはなりません」とあり、1ページ18行（両面書きタイプ）または22行（片面書きタイプ）の定位置に書いた文字としての点字が、作図作業の中で「平行移動」したり「複写」したりが自由にできないのです。ただ、文字列のコピーや移動、貼り付けをせずに、ある程度まとまった文章を書いた上で、作図もしたいという方には、この新たなエーデル7はとても有効です。本書で用いるバージョン6.56のエーデルとこのエーデル7は共存してインストールすることができますので、必要に応じて使い分けてみるのもおすすめです。

◆エーデルで描いた点図の印刷はどうするのか

　エーデルが対応する点字プリンタは次の機種です。いずれの場合でも、パソコンとの接続は、ＲＳ－２３２Ｃ、または、ＵＳＢシリアル変換ケーブルでおこなってください。
①ジェイ・ティー・アール社製、ＥＳＡ７２１ｖｅｒ'９５
　　＊エーデルに完全対応
　　http://www.jtr-tenji.co.jp/
②レンテック社製、ＴＥＮ－１０（発売中止）、ＴＥＮ－１００
　　＊両機種ともエーデルの点種指定に関わらず印刷はすべて「中」の１点種のみになります。
　　http://www.lentek.co.jp/TEN100/index.htm
　ただ、ボランティアの方が個人で点字プリンタまで備えるというのは現実的ではありません。お近くの点字図書館や視覚障害者への情報提供サービス機関などには点字プリンタがあります。ぜひ尋ねてみてください。自分のつくった点図用データが指で触れられる点図として打ち出されてくるのは、とても感慨深いものがあることでしょう。
　また、エーデルをインストールしているパソコンがエプソンやキャノンなどの普通字用（墨字用）のプリンタと接続されているのなら、画面の作図を印刷することができます。エーデルから［ファイル］→［現ＥＤＥＬ図の墨字印刷］とクリックすることで、画面の点図が印刷されます。目で確認する図と指で触れる実際の図とは大きく異なりますが、自宅で簡便に自分のつくった点図用データを確認できるこの機能は重宝することでしょう。

エーデルについて

必要システム：Windows 8、7、VISTA、XP
　※Windows 95/98/98SE/ME/2000 でも動くとありますが、動作確認テストは不十分のようです。
最新版エーデルのダウンロードページ
http://www7a.biglobe.ne.jp/~EDEL-plus/EdelDownLoad2.html

対応点字プリンタについて

エーデルが対応する点字プリンタは次の機種です。いずれの場合でも、パソコンとの接続は、RS-232C、または、USBシリアル変換ケーブルでおこなってください。
ジェイ・ティー・アール社製　ＥＳＡ７２１ ver'９５
　▶エーデル完全対応用
　http://www.jtr-tenji.co.jp/
レンテック社製　ＴＥＮ-１０、ＴＥＮ-１００
　▶両機種ともエーデルの点種指定に関わらず印刷はすべて「中」の１点種のみ　※TEN-10は発売中止
　http://www.lentek.co.jp/TEN100/index.htm

作図を始める前に

◆この本で用いた記号と、本書の使い方の注意点

［　］：このカッコ内の文字は、実際のエーデル画面に表示されるボタン名やステータスバーに表示される文字などを示します。
〈　〉：このカッコ内の数値は、エーデル画面のx，y座標（ドットの値）を示します。
→　：●❶❷❸……が行頭にある行は操作をまとめた文です。この行内では、「→」は左クリック操作を主に意味します。

　本書では、単に「クリック」とある場合はすべて左クリックのことです。
　本書で扱っている作図において、特に指示のない限り、作図の向きは「縦置き」とします。
　各章の扉に、その章で作図化する原図を示しました。今回取り上げた原図はいずれも中学校用教科書に出てきているものです。また、扉裏には、いまから挑戦する点図の完成見本を載せています。適宜これらの図を振り返りながら作図を進めてください。

◆図形点訳で用いる用語について

　図形点訳に関わる用語について、少し説明をしておきます。点を用いて指で読み取れる図に仕上がったものを「点図」とよびます。これらを指で読み取ることを「触図」といいます。また、次章から実習するように、教科書などの実際の原図を点訳するという意味で「図形点訳」という言い方をします。このことを単に「作図」と言う場合もあります。
　いずれにしろ、「図」あるいは「図形」という用語をよく用いることとなりますが、ここでいう「図」あるいは「図形」はあくまで、点の連続による縦・横・斜め・曲線などで描かれた図のことです。一般の図のように途切れのない実線ではありませんので、誤解のないようにお願いします。点字プリンタでは実線は打ち出せません。本書で作成する点図の線は、点をできるだけ間隔を小さくしていかにも連続線のようにみせかける「点実線」での表現となります。よって、「直線」とか「実線」という言い方が出てきたとしても、それは点実線のことであり、1点1点を重なり合わないように近づけて打点する線のことです。
　これに対して、点間隔をあえて広めに打点した線も用います。点間隔は「ドット（DOT）」で表します。点間隔が大きい線をここでは、先の「実線」という言葉に対して「点線」とよんでいます。残念ながら、エーデルによる作図では、波線（〰〰〰）や一点鎖線（—・—・—）などは引けず、実線と点線ですべて表現するのが基本となります。

◆エーデルの初期設定

　本書では、各作図例ごとに画面イメージを多数掲載しています。用いたエーデルのバージョンは、ver.6.56（ダウンロードプログラム名は「EdelPack1305.exe」）です。
　インストール後、すぐに作図画面となり、必要な初期設定はほとんどありません。ただ、次章以降の解説上、次の4箇所のみ、オプションの変更をおこなってください。（p11の図を参照）
　●［オプション］→［作図］
　①［点種の初期値］は［中］でいいのですが、この［点間隔の初期値］を［6］に変更します。最もよく用いる点サイズ［中］の実線は、本書では点間隔［6］を原則としているからです。
　②［グリッドの間隔］は、初期値は［31］ですが、この本では［30］にして用います。切りのよい数値のほうが、グリッドの間隔を利用して計算するときに便利なことがあるからです。また、グリッドの間隔を「30」にすると、点字行（定位置）を画面表示したときに、点字2マスごとにグリッドが入り、点字のマス単位での移動や複写に役立つ場合があります。
　③［中心に補点を打つ］にある［円］［楕円］［円弧］の3箇所のチェックボックスにチェックを入れます。補点とは画面上にあるのみの点であり、印刷はされません。
　④［右下から点の位置を決める機能について対象点種の限定を有効にする］のチェックボックスにチェックを入れます。この［右下から点の位置を決める機能］とは、すでにある点を始点にして新たな線をそこから引きだそうとするような場合に便利な機能です。始点を選択するとき、通常ならこの点の中心を正確にクリックする必要がありますが、目を凝らしてうまく点の中心をクリックするのは少し慣れが必要です。そこで、その近傍にてクリックするだけで自動的につかみたい点の中心を選択状態にしてくれるという便利な機能がこの機能です。
　※オプション設定内の［画面］では、背景色や点種ごとの点の色など、画面表示色をカスタマイズすることができますが、エーデルにある程度慣れるまではこのまま使われることをおすすめします。本書でも、インストール後の初期設定値のままで説明しています。従って、本書掲載の画面イメージでは、点サイズ［中］は白色、［小］は黄色、［大］は水色、背景は紺色、補点は赤色、複写などでの確定前は緑色などとなります。

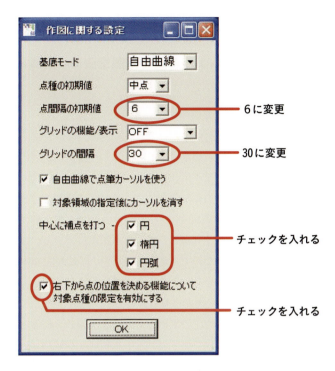

画面の説明

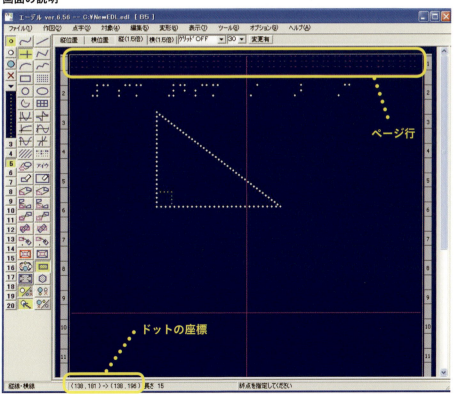

ステータスバーに表示されるドットの座標は（基本の紙位置は縦置きで）、左が横座標，右が縦座標の数値を示します。紙位置が「横置き」となっても、同じように左が横座標，右が縦座標の数値を示します。紙位置を横置きに変更したときは、座標の表示に注意しましょう。

◆右下から点の位置を決める機能と対象点種について

　この機能は、つかみたい点に右下から近づき、その点の近傍にてクリックするだけで、自動的につかみたい点を選択してくれるというものです。図を見てください（p13の図を参照）。つかみたい点は縦線の下端の点サイズ「中」の点です。このつかみたい点に対して右下にできる赤色の正方形の領域内であれば、この機能が働きます。つまり、赤色の正方形の領域内にてクリックすれば、自動的に目的の点が選択されます。ただし、今指定している点間隔によって、この機能が働く正方形の面積が変わるので注意してください。この図では、点間隔11ドットを指定しているときのクリック有効面積のほうが、点間隔6ドットを指定しているときのそれよりも広いことがわかるでしょう。

　また、右下から点の位置を決める機能と関連して、使い分けると便利な4つのボタンがあります（p13の図を参照）。

　例えば、点サイズ小を指定して、小の点をつかみにいくとき、[全点種対象]ボタンが押されていれば、つかみたい小の点の間近に中の点がある場合、間違えて、この中の点をつかんでしまうこともあります。そんなときには、[対象点種を指定点種のみに限定]のボタンを選び直します。すると、作図画面において今つかみたい点種（この例では小の点）のみがつかめるようになり、誤って近接する別の点種の点をつかみ間違えることがなくなります。

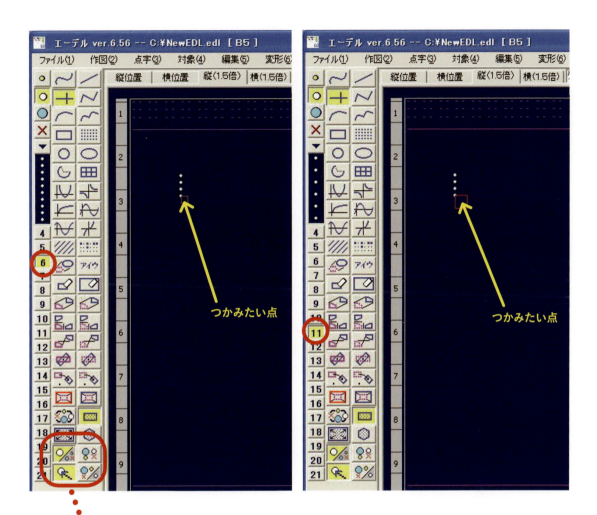

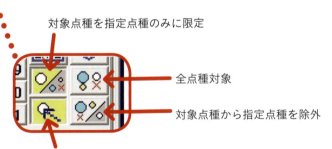

対象点種を指定点種のみに限定

全点種対象

対象点種から指定点種を除外

右下から点の位置を決める機能のON/OFF

◆用いる点種と点間隔および主な用例

　エーデルには、「大・中・小」の3種類の大きさの点サイズで線を描ける機能があります。図のどこをどの大きさの点で描くかは統一をしなければならない重要な問題です。

　また、隣り合う点の間隔がほとんどない実線から、18段階で点の間隔を自由に指定した点線まで引けるため、どこにどんな点間隔の線を統一して用いるのかも問題となります。この他にも領域を塗りつぶす「領域記号」や地点記号などにはどんな模様やマークを優先して用いるかも、点訳者のその時の気分で決めていくわけにはいきません。図形点訳でエーデル画面を前にして、最も悩ましい問題がここにあります。

　そこで、15～16ページの表を用意しました。この表で選ばれている点種・点間隔の線はすべて指で読み取りやすいことを考慮して選定してあります。縦・横線、円・曲線、斜め線には、それぞれ「密」の実線と、「疎」の点線を1種類ずつしか用意しませんでした。またペイント模様などにも優先度を示してどの順に使っていくかがわかるようにしました。本書の作図例では、すべてこの表で示した種類の線や模様を用いて作図していきます。

- ◉ 同種の点で線が描かれている場合、接近点が集中している箇所を整理するとき［異常接近点の処理］を選択すると、自動処理されて必要な点（線）までも消去されることがあります。描きたい場面によっては、各点の中心を確実にクリックする技術が求められます。
- ◉ 線が微妙に曲がってはいないか、交点がずれていないか、画面で確認するだけでなく、墨点字にて紙に印刷して、自分の目で確認することが大切です。

作図で用いる点種と点間隔および主な用例

要素名	点種点間	点図見本	主な用例
縦・横線（実線）	中の6		図の第1輪郭線、第1グラフ線（水平・垂直方向）、表の外枠線、グラフの凹面格子線（凹線）、棒グラフ・帯グラフの輪郭線など
	小の5		図の第2輪郭線、矢印、グラフのｘｙ軸、表の内側格子線、塗りつぶし領域輪郭線、直角記号、文字囲み枠線など
	大の7		強調矢印など
縦・横線（点線）	小の10		図形の補助線、引き出し線、矢印、第2グラフ線（水平・垂直方向）など
	中の11		図形内の隠れた輪郭線、第2グラフ線（水平・垂直方向）など
	大の12		第3グラフ線（水平・垂直方向）、強調矢印、特定領域を囲む線など
円・曲線（実線）	中の5		図・地図の第1輪郭線（曲線部）、第1グラフ線（曲線部）、円グラフの外周・円弧など
	小の4		図・地図の第2輪郭線（曲線部）、漢字の字形、角の大きさを示す記号、河川など
円・曲線（点線）	小の9		図の補助線（曲線部）、第2グラフ線（曲線部）、寸法範囲を示す弓線、国境・県境線など
	中の10		図の隠れた輪郭線（曲線部）、第2グラフ線（曲線部）など
	大の11		特定領域を囲む線、第3グラフ線（曲線部）など
斜線（実線）	中の5		図の第1輪郭線（斜め部）、第1グラフ線（斜め部）など
	小の4		図の第2輪郭線（斜め部）、矢印など
	大の6		強調矢印（斜め部）など

要素名	点種点間	点図見本	主な用例
斜線（点線）	小の9		図の補助線（斜め部）、第2グラフ線（斜め部）、引き出し線（斜め部）、矢印など
斜線（点線）	大の11		第3グラフ線（斜め部）、特定領域を囲む線、強調矢印など
斜線（点線）	中の10		図の隠れた輪郭線（斜め部）、第2グラフ線（斜め部）など
ペイント	小ベタ塗（密）		第1領域記号、イラスト地図での道・河川の幅、棒グラフの棒など
ペイント	小ベタ塗（フリーハンド）		第2領域記号、イラスト地図での砂漠地・山地・畑地など ※パターン内のベタ塗の粗は用いない
ペイント	小V字千鳥		第3領域記号、イラスト地図での広めの山地・畑地など
ペイント	小横点千鳥		水がある表現（ビーカー内など）
ペイント	小縦縞模様（大）		第3領域記号 ※パターン内の縦縞模様（小）は用いない
ペイント	小横縞模様（大）		第3領域記号 ※パターン内の横縞模様（小）は用いない
ペイント	小斜め右上模様（大）		第3領域記号 ※パターン内の斜め右上模様（小）は用いない
点	大		円の中心点、強調したい交点、第2地点記号（都市・特定ポイント）など
点	小円（小の4 半径6～11）	6　11	第1地点記号（都市、特定ポイント）など
二重線	小の5 間隔7～14	7　14	第1二重線（イラスト地図での川・道など）、中抜き矢印の輪郭、二重囲み線など
二重線	大の7 間隔9～16	9　16	第2二重線（イラスト地図での山脈・強調部など）

基礎・基本編

第1章

原図通りには描かない
4つの基本的な約束事項

1 原則、斜めからの表現はしない。

まずは、図1-①の写真を見てください。3段の階段状の立体です。これを点図にしなければならないとき、あなたならどんな図を描きはじめますか。

図1-①

図1-②のような斜めから見た点図を描こうと考えた方も多くおられることでしょう。

しかし、待ってください。点図では原則「斜めからの表現はしない」のです。手で形をとらえてきている視覚障害者にとっては、立体の向きはあまり意味がないのです。真っ直ぐ横から触った印象も、やや斜めからその立体を触った印象も大差はないのです。

つまり、触って理解する立体においては「斜めからの表現」は意味を持ちません。だから、斜めから見たら、この階段の正方形の踏み板部分は、平行四辺形のような見え方として平面図化されるなんてことは、視覚障害者にはなかなか理解しがたいのです。手で踏み板部分を触れば、階段の向きに関わらず、常にそこは正方形に感じられるからです。

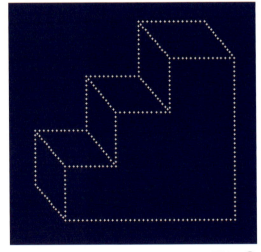

図1-②

しかし、点図にするためには、必ず立体を平面図形に変形して表さなければなりません。

そこで、点図化にあたっては、図1－②のような斜めから見た見取り図は描かずに、「上から見た図」「正面から見た図」、必要ならば「左横から見た図」などの平面図の組み合わせで表現するのです。つまり、ここでの階段状の立体は、図1－③a・bのように、「正面から見た図」と「上から見た図」の2枚の組み合わせとして点図化することとなるのです。

このことは、算数・数学における図形問題のほか、ある地形を斜めからの鳥瞰図として描いているような地図や、斜めから俯瞰した実験の様子を表した図など、さまざまな図の点図化で応用してください。

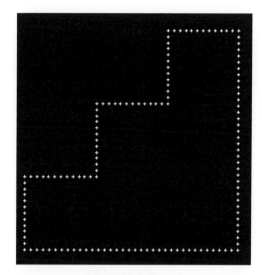

図1－③a　正面から見た図

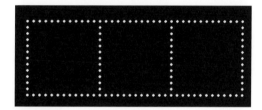

図1－③b　上から見た図

📋 コラム　点図と遠近法

遠近法の表現を点図ではどのように扱うのでしょうか。

これも「斜めからの表現となっている遠近法は避ける」ということとなります。遠近法自体を点図にしないということではありません。遠く描かれたものが手前の位置にあるものよりも小さくなるという表現は点図でもおこないます。ただし、「正面から見た図」を基本としてです。

また、遠近関係を正面から見ると、手前のものと奥のものが往々にして重なります。点図でも重なりのある図は、遠近関係を伝える表現の一つとなっています。

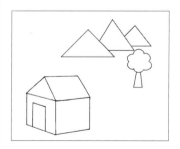

斜めからの表現となっている遠近法を用いた図

遠近法を用いた点図

2 容器類は断面図で表現。

次に、図1－④の写真を見てください。これはストローの写真です。ストローを点図に表すとき、どのように表現したらよいでしょう。

あなたなら、図1－⑤の3つのストローの表現のうち、望ましいものは（ア）〜（ウ）のどれだと思いますか。

正解は（ウ）です。

まず、（ア）は斜めからみた表現となっており、先に説明したように望ましくありません。では、（イ）のように表現するのはどうでしょう。このように細長四角に描いてしまうと点図の世界ではストローには見えなくなります。あえていうのなら、（イ）は細長いテープ類、それとも何か細い円筒形の立体を横からみた図のように感じるのです。ストローやコップ・水槽などのように、内部に物が入り、入り口などのあるもの（広い意味で、ここでは「容器類」とします）の望ましい表現は「横からみた断面図」です。断面を描きますので、空気や液体などの注ぎ口の部分は輪郭線を持ちません。

つまり、点図化にあたっては、空気や液体が通る道は輪郭線を描いてはいけないのです。よって、ストローは（ウ）のように、2本の線の表現でかまわないのです。ストローを（イ）のように細長四角で描いてしまうと、入り口や出口がないことになります。また、ストローの表面についている絵柄模様なども、伝える必要がないのなら描く必要はありません。断面を描いているのですから、ストローの表面は通常描くことはできないのです。

図1－④

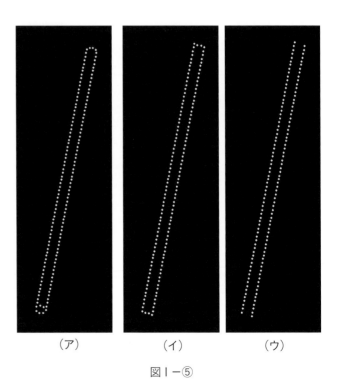

（ア）　（イ）　（ウ）

図1－⑤

3 動きを示す部分は「矢印＋文字列」に。

　今度は、図1-⑥の写真を点図にするときのことを考えてみましょう。これは、コップ内の水をストローで吹いている様子の写真です。やや斜めから撮影されたものです。

　これまで学んできた「点図化のための約束事項」では、点図にするにあたっては、これをこのままの角度で斜めから見た表現で描いてはいけません。また、コップとストローは容器類です。よって、これらは断面を描く必要があることがわかります。つまり、横から見た図に変形した上で、コップの口やストローの入り口・出口の輪郭は線を引かないということになります。

　では、ストローを口にして息を吹き込んでいる人はどのように描けばよいでしょうか。これが悩ましいところです。絵心があるからといって、息を吹き込んでいる人の顔を一生懸命描こうとする必要はないのです。むしろ、顔の様子を点図で表現されても、それを読み取るほうがかえってたいへんで、時間もかかります。

　模範的な点図の一例を図1-⑦に示しました。ストローに対して加えられる動作については、人の顔の形が問題ではありません。よって、この模範図のように、矢印でその動作が加えられる位置と方向を示し、あわせてその動作の内容を文字列にて端的に解説すればよいのです。つまり、動作などが加えられている様子については、「矢印＋文字列」で置き換えることが可能かどうかをまずは考えて点図にしていくのです。ここでは、「矢印（↘）＋文字列（いきをふきこむ）」にしてみました。

図1-⑥

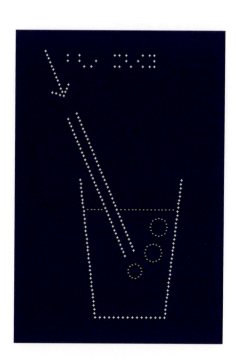

図1-⑦

この例の他にも、フラスコの底をガスバーナーで加熱する図では、「矢印（↑）＋文字列（ガスバーナーで加熱）」で用は足ります（p90を参照）。
　また、台車を押す人の図では、「矢印（←）＋文字列（手で押す）」という処理でいかがでしょう。

4 図に描ききれない内容は凡例で。

　図1-⑧の写真をみてください。
　これは中学理科の教科書で必ず出てくる「電流計（直流）」の図です。ここで、伝えなければいけないことは何でしょうか。目盛りが読めるようにすること、特に、マイナス端子のつなぎ分けに応じてアンペアの目盛りを正しく読み取ることができないといけません。そこで、3種類のマイナス端子に、それぞれ「50mA」「500mA」「5A」の区別を明記しなければいけません。
　また、マイナス端子とプラス端子の違いが触ってわかる表現もほしいところです。図には直接「500mA」などの文字列を端子のツマミ部分に書き入れるだけのスペースはないようです。かといって、引き出し線を用いて書くとなると、線の引き出し方が複雑になりそうです。

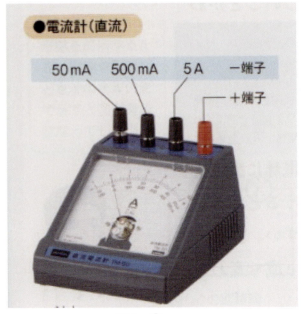

図1-⑧

【原図出典】
大日本図書「理科の世界 2年」p165
（平成23年2月4日検定済）

こういうときこそ、凡例をうまく利用しましょう。図1-⑨を見てください。マイナス端子には、左から「1」「2」「3」の記号を端子の図のツマミ内に書き入れておきます。そして、この「1」〜「3」の記号が何を意味しているのかを凡例として図の左上に書きます。凡例は可能な限りページの左上に置くようにしましょう。読み手はページの左上からこのページに触れていきます。まず先に凡例を読み、それを頭に置いてから図の読み取りにかかるというのが効率的な読図の流れです。また、マイナスとプラスの端子の違いはここでは、プラス端子を塗りつぶしたことで触ってすぐにわかる表現となりました。これですっきりした図となりました。

この例のほか、図内では、スペースの関係などから必要な文字列が書き込めない地図や目盛りにつける文字列が長すぎて隣り合う目盛りの間には書けないようなグラフなどでは、図内には適当な記号を埋め込んでおいて、凡例を図の前に示すことで説明を完成するという方法はとても有効です。このとき、埋め込む記号ですが、直観的にわかる頭文字や短縮記号が望ましいでしょう。

点字の表記法を頭に思い浮かべて記号を考えてください。以前、「病院」という文字列が入れられないので、その頭文字の「び」が図に埋め込んであった地図を見たことがありますが、望ましいのは「びょ」となります。あくまで点字表記による頭文字をまず考えてほしいところです。「朝鮮半島」のための記号なら、「ち」ではなく「ちょ」がいいと思います。

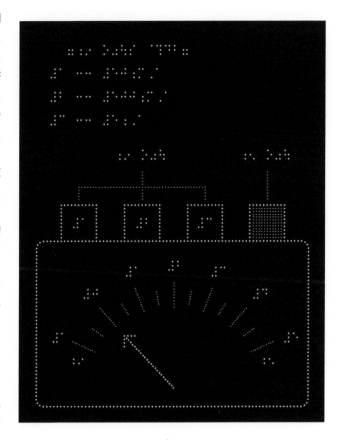

図1-⑨

図の大きさや描き方の手順・方法は、内容により変わります。本書の描き方は、あくまでおすすめの描き方の一例です。描く方法や順番は他にもありますが、まずは本書の描き方をまねて、コツや基本を身につけていってください。

基礎・基本編

第2章

直角三角形を描く

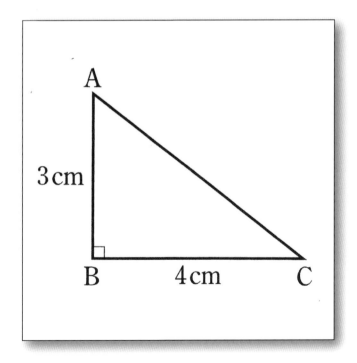

【原図出典】啓林館「楽しさひろがる数学3」(平成17年2月3日検定済) p139

直角三角形を描く

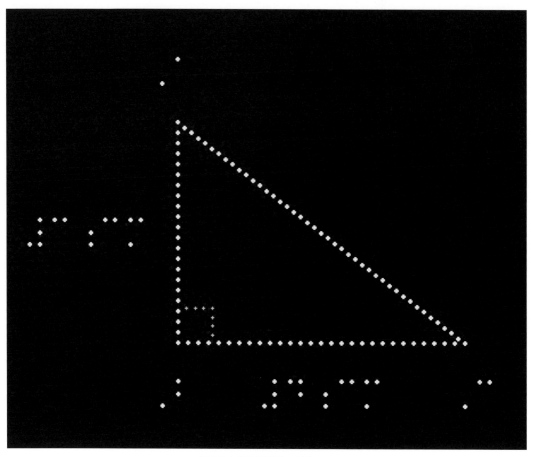

完成した直角三角形の点図

1 文字を書く

❶ 仮の位置に文字を書く

［点字の書き込み］→［両面（表）タイプ 定位置］を選択

この図内で用いる「3cm」「4cm」「A」「B」「C」という文字をこの順序で仮の位置（ここでは、2行3マス目からの位置）に書いておきます。これらの文字は後から正しい位置に移動します。

画面の表示が［カナ表示］の場合は［点字表示］に切り換えます★。

> 覚えておくと便利！ ★
>
> 文字の画面表示を「カナ」から「点字」に変更するには、［F9］キーを押します。

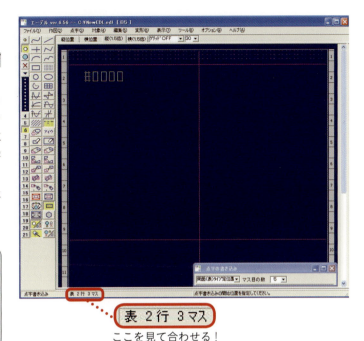

ここを見て合わせる！

ADVICE

1. 図形を描くときは、画面の文字表示は必ず点字表示にしておきます。

2. 点図の図形の頂点などにつける大文字のアルファベット記号は、外字符を省略することが多くあります。

---

2 三角形を描く

❶ 直角を囲む線分ABの垂直線を引く

［縦線・横線］→［点サイズ中］→［6］を選択

三角形の縦の垂直線である線分ABを引きます。まず、線分ABの始点の位置を決めます。

点の位置を決めるときにはステータスバーに表示される座標の数字を用います※1。どこに描きはじめの始点を指定するかの基準としては、次のようなことを考えて決めていきます。

直角三角形を描く

線分ＡＢの左側にくる文字「3cm」と縦線との間隔が16〜24ドットの範囲で離れていること、線分ＡＢの上にくる文字「Ａ」からも下側に16〜24ドットの範囲で離れていること。このように点図の線とそれに近づける文字との間隔は16〜24ドットの範囲で離れている必要があります。本書では、図と、それに近づける文字との間隔は22ドットを標準とします。一例として、ここでは、座標〈横118，縦75〉[※2]を始点（Ａ）に指定し[※3]、長さ126ドットを終点（Ｂ）に指定し、線分ＡＢの縦線を引きます。

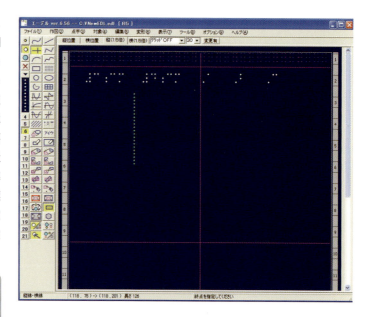

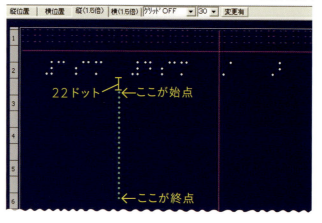

▼上図の拡大

↑始点の座標数値　↑終点の座標数値

（75＋126＝201）

POINT ☞ ※1
作図領域には横480個、縦684個のドット数があります。ステータスバーにマウスの現在座標を示すドットが表示されています。この数値の範囲は〈横0〜479，縦0〜683〉の範囲の数字で表示されますから、これを活用して描きます。

POINT ☞ ※2
ステータスバーに表示されるドットの座標は、左が横座標，右が縦座標の数値です。紙位置が「横置き」となっても同じように、〈横座標，縦座標〉の順に表示されます。作図過程では、始点・終点などの基点となる座標をこのステータスバーの表示をみてメモしながら作業するとよいでしょう。

POINT ☞ ※3
この始点〈118，75〉は、文字列「3cm」の「m」の点字の4の点から右に22ドット、さらに点字「Ａ」の大文字符の6の点から下に22ドット離れた位置にしています。

❷ 直角を囲む線分BCの水平線を引く

三角形の底辺となる水平線である線分BCを引きます。線分BCは線分ABの終点（B）を始点に指定し、長さ168ドット右に終点（C）を取り、水平に引きます。線分ABと線分BCの比率は3：4ですから、線分BCの長さは線分ABの$\frac{4}{3}$倍となります。

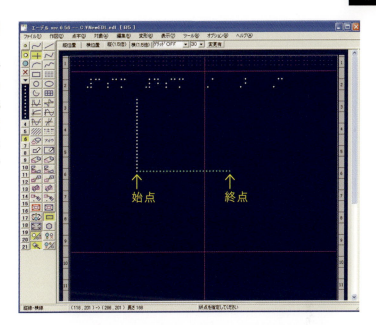

❸ 線分ACの斜辺を引く

［斜線］→［点サイズ中］→［5］を選択
線分ACは、始点（A）を指定し、終点（C）を指定します。このように斜めの線を引くときは、点間隔のドットを縦横線よりも1ドット縮めた［点サイズ中・5］を選択するようにします。

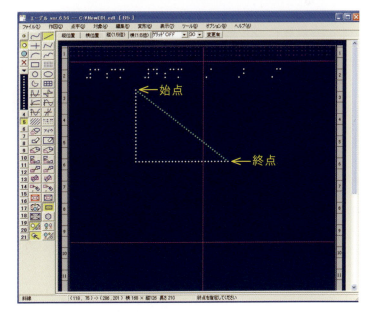

ADVICE

画面一番下にあるステータスバーには、作業手順などが表示されるので、数値などを確認しながら作業を進めましょう。

直角三角形を描く

3 直角のマークを描く

❶ 直角マークの横線を引く

［縦線・横線］→［点サイズ小］→［5］を選択

ステータスバーの数字を見て直角マークの始点を決めます。∠Bから上へ20ドットの位置〈118，181〉を見つけ、今度はそこから右（横）へ、5ドット（触図に適した間隔）の位置〈123，181〉を始点に指定します。終点は、長さ15ドットを右に水平に取った位置とします。

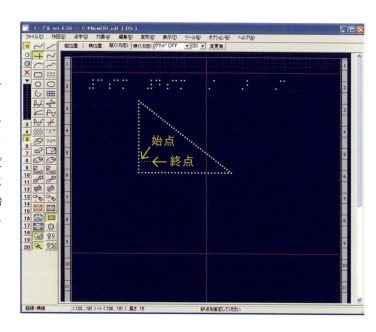

❷ 直角マークの縦線を引く

横線の終点を始点に指定し、底辺ＢＣまでの長さ（20ドット）より5ドット短い長さ（15ドット）を終点に指定します。

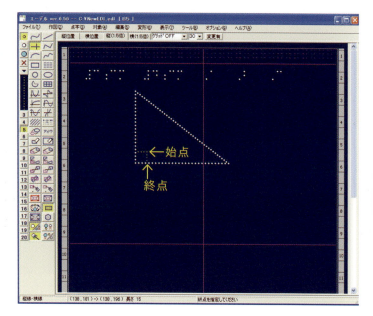

ADVICE

点を重ねて描いた場合、先の点はなくなり後に描かれた点に変わります。

4 文字の移動

❶ 文字「4cm」「B」「C」を平行移動する

[平行移動] → [長方形領域を対象に指定] → [点サイズ中] → [対象点種を指定点種のみに限定] を選択

まず、「4cm」の文字は線分ＢＣの中央に配置します。移動したい「4cm」を長方形領域で囲みます。長方形領域の１つの頂点を指定し、長方形領域の対角を指定します[※4]。

次に、直角三角形の線分ＢＣの図から22ドット離れ、かつ、中央の位置を指定します[※5]。文字「B」「C」も同様に、∠B、∠Cから22ドット離した位置に移動します。見本の図を参考に配置してみてください。

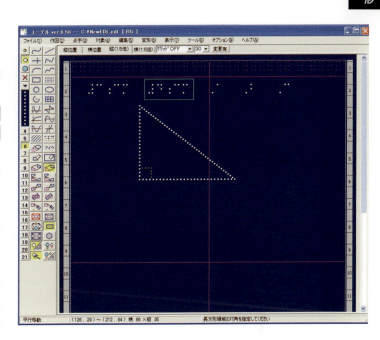

❷ 文字「3cm」「A」を平行移動する

[平行移動] → [長方形領域を対象に指定] → [点サイズ中] → [対象点種を指定点種のみに限定] を選択

文字「3cm」も❶と同様に囲むように頂点と対角を指定します。そして、縦方向に垂直に移動し、線分ＡＢの中央に配置します。また、文字「A」も同様に頂点と対角を指定し、∠Aの位置まで水平に移動します。

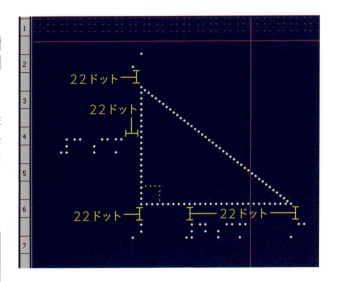

> **POINT ☞ ※4**
>
> 「長方形領域を対象に指定」を選択すると、「長方形領域のひとつの頂点を指定する」「長方形領域の対角を指定する」とステータスバーに表示されますが、本書では、「囲むように頂点と対角を指定」と表記します。

直角三角形を描く

POINT☞ ※5

文字などを移動（複写）させたい場面で、移動先の基準点から適度に（ここでは22ドット）離す方法を説明します。

【22ドットの間隔を取る場合】

上下または左右に間隔をとるときは、移動（複写）する点字文字列の1の点や4の点などを、まず基準点に重ね合わせてみます。そのとき、表示させるステータスバーの座標数値を読み取ります。そして、動かしたい方向が下または右であれば、22ドット分を足した数値が、上または左へ移動の場合は22ドット分を引いた数値が、目的の文字列を貼り付ける位置となります。

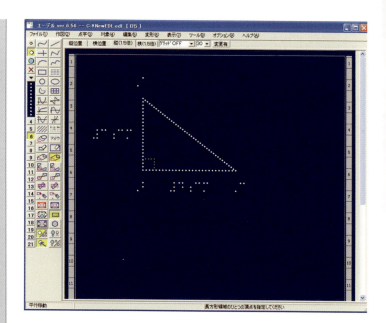

ADVICE

1. ［平行移動］や［平行複写］などの機能で、領域を指定する場合は、選んだ対象点種に対しては、次の3つの操作ができます。［対象点種を指定点種のみに限定］［全点種対象］［対象点種から指定点種を除外］から目的に応じて使い分けてください。

2. そのページに図が1つの場合、中心より左側に描くほうが触りやすくなります。

基礎・基本編

第3章

立体（四角錐・円錐）を描く

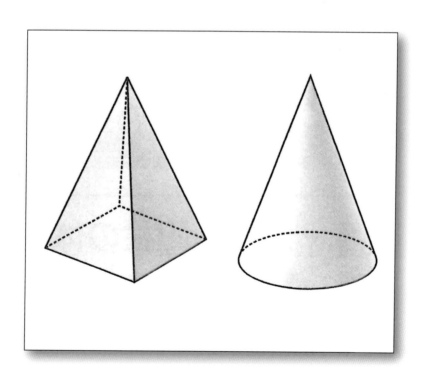

【原図出典】大日本図書「数学の世界1年」（平成23年2月24日検定済）p 219

立体（四角錐・円錐）を描く

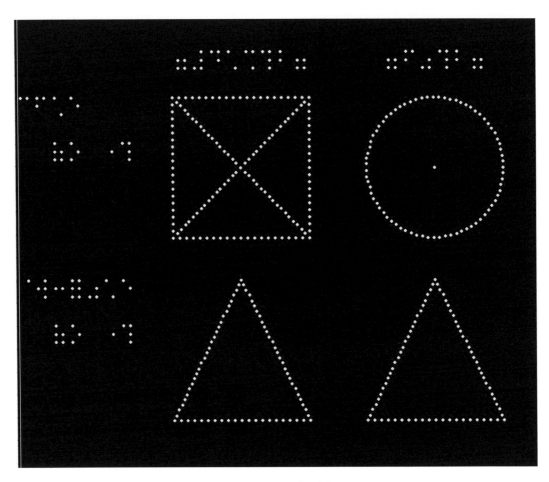

完成した四角錐と円錐の点図

1 作図の前に

❶点図では、立体の図を原図通り見取り図としては描きません。「上から見た図」と「正面から見た図」の2枚の組み合わせとして、1つの立体を描くこととします。

❷四角錐と円錐の2つの立体を描きます。それぞれに「上から見た図」と「正面から見た図」が必要ですので、今回は右の表のようなレイアウトで点図化することとします。

❸ここでは、立体各部の寸法比を厳密に原図通りに忠実にまねる必要はありません。問題を解くにあたって必要充分な条件の図を、縦置き用紙に描きやすいサイズとして描くこととします。

	四角錐	円錐
上から見た図	□(対角線入り)	○
正面から見た図	△	△

2 文字を書く

❶仮の位置に文字を書く

［点字の書き込み］→［両面（表）タイプ定位置］を選択

図に入れる文字を書きます。画面表示が［カナ表示］の場合は［点字表示］に切り換えます★1。

(1) 2行10マス目から「四角錐」、5マス空けて2行23マス目から「円錐」と書きます。タイトル表記にするため、「四角錐」「円錐」の文字を（ ）でくくります。
(2) 3行目行頭から「上から」、4行目3マス目から「見た図」と文字を2行に分けて書きます。7行目行頭から「正面から」、8行目3マス目から「見た図」と文字を2行に分けて書きます。

> **覚えておくと便利！ ★1**
> 文字の画面表示を「カナ」から「点字」に変更するには、［F9］キーを押します。

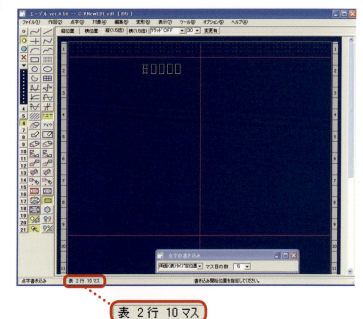

ここを見て合わせる！

立体（四角錐・円錐）を描く

3 四角錐を描く

❶ 上から見た図：正方形を描く

［長方形］→［点サイズ中］→［6］を選択

ここでは四角錐の底面を正方形として描きます。座標〈135，78〉を始点に指定し、〈横120〉〈縦120〉の位置を終点に指定し、1辺が120ドットの正方形を描きます。描き出しの位置をどのように決めるかですが、横座標（X座標）の135は「上から見た図」の文字列の最右端から点字約2マス分空けた位置、縦座標（Y座標）の78は、同じく点字の「上から」の文字の高さに合わせています。

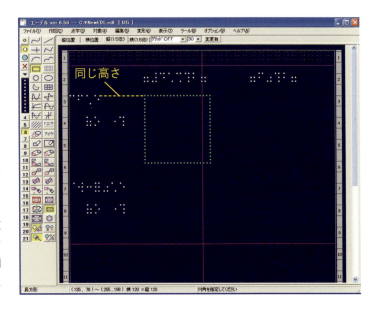

↑始点の座標数値　　　↑正方形の1辺の長さ

❷ 上から見た図：対角線を描く

［斜線］→［点サイズ中］→［5］→
［対象点種を指定点種のみに限定］※1
を選択

左上角の座標〈135，78〉から右下角に向かって斜線を引きます。同じように右上角から左下角に向かって斜線を引きます。

> **POINT ☞ ※1**
>
> ［対象点種を指定点種のみに限定］のボタンは、通常、機能している状態になっています。よって普段は、あえてこのボタンを選択する必要はありません。ただし、作業中に目的通りの結果が得られないときなどには、このボタンが有効になっているかどうかを確認するようにしてください。

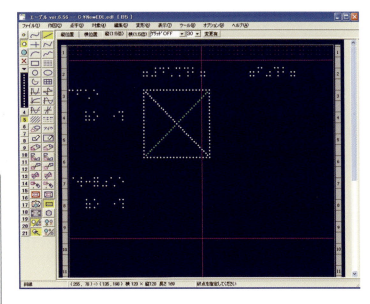

ADVICE

図の大きさによっては、この方法では、対角線の交点が図の中心点とならない場合もあります。
図の中心に点が必要な場合は、計算で求めた中心に先に点を打ち、そこから各頂点に向けて斜線を引く方法を取ってください。

❸ 正面から見た図：複写の位置を決める目印を打つ

［自由曲線］→［点サイズ中］を選択
正面から見た図は、先に描いておいた「上から見た図」を利用して描きます。「上から見た図」をまず複写します。複写の位置の目印として点を1個打ちます。この目印点は、点字の「正面から」の文字の高さで、かつ、「上から見た図」の正方形の左下角の座標〈135, 198〉の真下となります。つまり、その位置は、座標〈135, 234〉となり、ここに1点を打ちます。

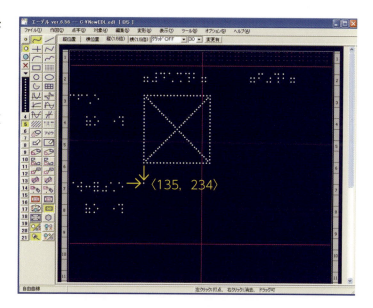

❹ 正面から見た図：上から見た図を複写する

［平行複写］→［点サイズ中］→［長方形領域を対象に指定］を選択
上から見た図の左上角を❸で打った目印点に重ねて複写します。上から見た図（正方形）を囲むように頂点と対角を指定し、左上角を❸で打った点に重ねてクリックします。終了は右クリックです。

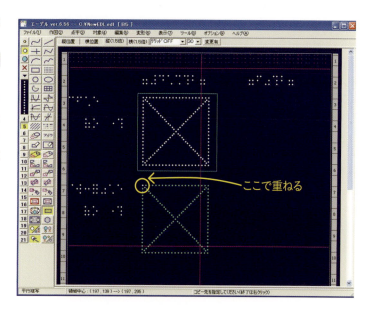

第3章 立体

立体（四角錐・円錐）を描く

❺ 正面から見た図：不要な部分を消去する

［領域を指定して消去］→［長方形領域を対象に指定］→［点サイズ中］を選択

いま複写した正方形の下の辺が、「正面から見た図」としてこれから描く三角形の底辺となります。そこで、正方形の下の辺のみを残して、不必要な他の部分は消去します。下の辺のみが残るように図をうまく囲み、頂点と対角を指定し、消去してください。

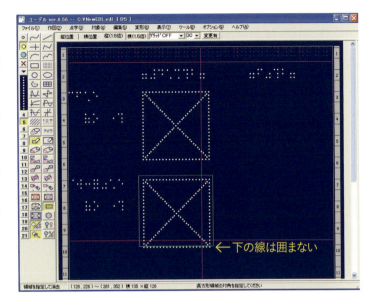

❻ 正面から見た図：2本の斜辺を描く

［斜線］→［点サイズ中］→［5］を選択

上の❺で残した底辺の左端からまず左斜辺を描きます。

(1) 三角形の頂点の位置は底辺の長さの2分の1の〈横60〉、高さは〈縦120〉になります。座標〈135，354〉を始点に指定し、〈横60〉〈縦120〉の位置を終点に指定します。

(2) もう一方の右斜辺を引きます。いま引いた左斜辺の終点が今回は始点となります★2。そして、底辺の右端が終点となります。

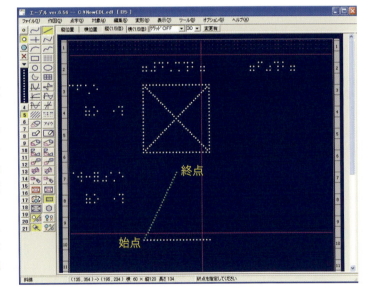

> 覚えておくと便利！ ★2
> 直前に引いた線の終点を、これから引こうとする線の始点にしたい場合、［Shift］キーを押すと、始点として指定することができます。

4 円錐を描く

❶ 上から見た図：中心を決めて円を描く

［円］→［点サイズ中］→［5］を選択

(1) 円の中心を求めます。左にある正方形（四角錐を上から見た図）の1辺の長さ（120ドット）を円の直径とします（半径は60ドット）。

(2) ここでは左隣の図からは50ドット離して円を描くこととします。左にある正方形の右上角は座標〈255，78〉ですので、これから描く円の中心の座標は〈横365〉、〈縦138〉となります。中心の座標がわかりましたので、この〈365，138〉を円の中心に指定し、半径60ドットの円を描きます。

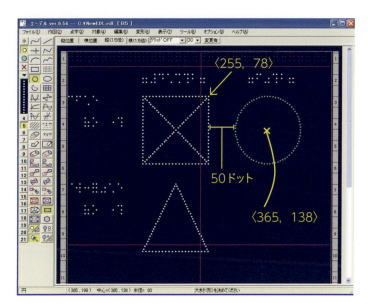

円の中心横座標＝255（正方形の右上角）＋50（図間）＋60（半径）＝365
円の中心縦座標＝78（正方形の右上角）＋60（半径）＝138

❷ 上から見た図：中心にある補点を中点に変える

［点サイズの変更］→［対象領域を指定して変更］→［対象点種：補点→変更後：中点］を選択

円の中心には補点（赤色の×印）が表示されています。この補点は点字印刷されない仮の点です。円錐を上から見た図では、中心に点サイズ「中」の点が必要です。そこで、この補点を中の点に点種変更します。中心にある補点を囲むように頂点と対角を指定します。

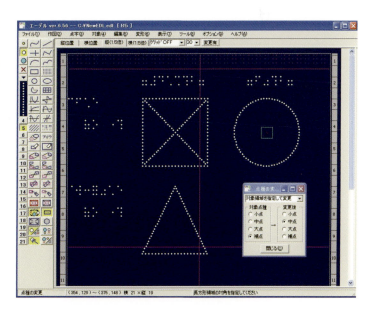

39

立体（四角錐・円錐）を描く

❸ 正面から見た図：複写の位置を決める目印を打つ

［自由曲線］→［点サイズ中］を選択
左隣にある四角錐の「正面から見た図」を利用して、円錐の「正面から見た図」を描きます。両者ともに正面から見た三角形は、底辺の長さ・高さともに同じとなりますので、すでに描いてある左隣の三角形をそのまま右側に複写すればよいこととなります。そこで、複写先に目印となる点をまず打ちます。この目印点は、四角錐の「正面から見た図」（三角形）の底辺右端座標〈255，354〉から図間を50ドット右真横に離した位置〈305，354〉の点となります

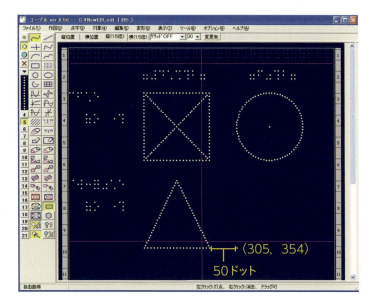

❹ 正面から見た図：左隣の三角形を複写する

［平行複写］→［長方形領域を対象に指定］→［点サイズ中］を選択
四角錐の「正面から見た図」（左隣の三角形）の底辺の左端と、いま❸で目印として打った点を重ねて複写します。左の三角形を囲むように頂点と対角を指定し、底辺の左端を❸で打った点に重ねてクリックします。終了は右クリックです。

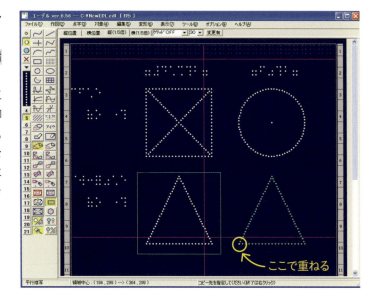

ADVICE

［平行複写］→［長方形領域を対象に指定］→［点サイズ中］を選択して、ステータスバーに表示される座標を見ながら複写先を決める方法もあります。この方法だとあらかじめ複写先に目印点を打っておく必要はありません。ただ、座標の計算が必要です。

`領域中心：( 194 , 299 ) --> ( 364 , 299 )`

［領域中心］の横座標（左側の数値）に、右方向への移動幅170ドットをプラスした数値を計算し、［領域中心］の座標が、計算後の横座標となるまで右真横に移動させます。このとき、縦座標（右側の数値）は変更させてはいけません。

このように別の方法でもできますので、本書のやり方でなければ描けないということではありませんが、慣れるまでは本書の手順で描いてみてください。

5 文字の移動

● 文字列「(四角錐)」「(円錐)」を移動する

［平行移動］→［長方形領域を対象に指定］→［点サイズ中］を選択

文字列、「(四角錐)」「(円錐)」は、それぞれ縦に並ぶ2つの図、「上から」と「正面から」の図におけるタイトルとなります。そこで、図の幅に対してこれらのタイトルが中央揃えとなるように平行移動します。移動させたい文字列を囲むように頂点と対角を指定し、「(四角錐)」は右へ5ドット、「(円錐)」は左へ5ドットそれぞれ平行移動します。

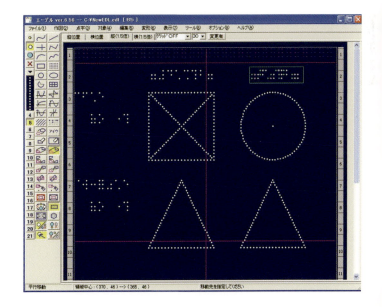

基礎・基本編

第4章

一次関数のグラフを描く

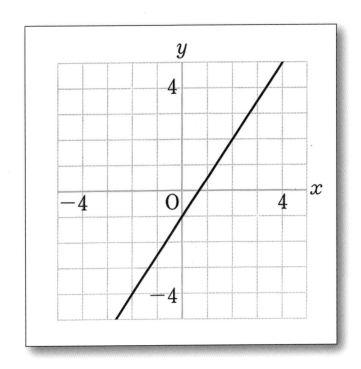

【原図出典】啓林館「楽しさひろがる数学2」(平成17年2月3日検定済) p61

一次関数のグラフを描く

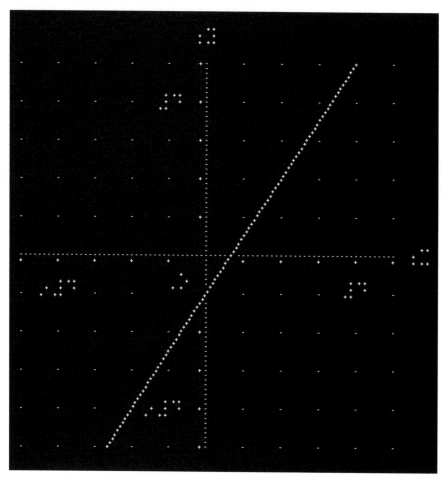

完成した一次関数のグラフの点図

1 文字を書く

●仮の位置に文字を書く

［点字の書き込み］→［両面（表）タイプ定位置］を選択

この図内で用いる文字・数字となる「y」「x」「0」「4」「－4」をこの順序で仮の位置（ここでは、2行3マス目からの位置）に書いておきます。これらの文字は後から正しい位置に移動します。画面の表示が［カナ表示］の場合は［点字表示］に切り換えます[★1]。

> **覚えておくと便利！ ★1**
> 文字の画面表示を「カナ」から「点字」に変更するには、［F9］キーを押します。

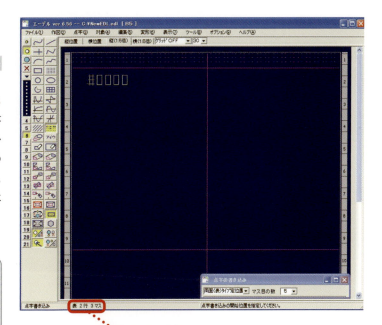

ここを見て合わせる！

ADVICE

図内に必要な文字の幅を確保するには、先に点字を書いておくか、点字の幅のドット数を前もって調べておき、その分を空けてから点図を描く方法があります。

エーデルでは、点字に関するドット数は次のようになっています。いずれも点字を構成する点サイズ「中」の中心間の距離を示しています。

- 点字を構成する1の点と4の点の中心間　6ドット
- 点字を構成する1の点と3の点の中心間　14ドット
- 隣り合う点字の4の点と1の点の中心間（マスの間）9ドット
- 両面タイプ定位置における行間（上の行の3の点と下の行の1の点の中心間）25ドット
- 片面タイプ定位置または任意における行間（上の行の3の点と下の行の1の点の中心間）17ドット

また、複数箇所に用いる同じ文字列は、1つ書いておけば複写機能で複数箇所に配置できます。

一次関数のグラフを描く

2 グラフ方眼の1目盛りの割り出し

❶ x軸の1目盛りとして、可能な最大幅を割り出す

画面の横幅いっぱいにx軸を引くわけにはいきません。x軸の右端には、「x」という文字がきます。「x」の文字幅は15ドットあります。x軸の右端と文字「x」との間は22ドット離します。エーデルの画面は横のドット数が0～479ドットですから、実際にx軸に使える範囲は、479ドットから37ドット（15＋22ドット）を引いた範囲（0～442）となります。これをグラフの目盛り数10で割ることでx軸の1目盛りで用いることができる最大の幅として、44.2ドットが割り出されます。

〔{479－（15＋22）}÷10＝44.2〕

という計算になります。

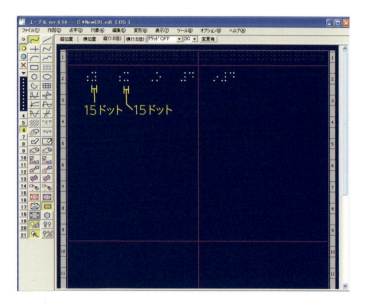

❷ 実際のx軸の1目盛りを決定する

関数グラフにおいて、x軸・y軸は小の点（点間隔5ドット）の線で描きます。点間隔が5ドットですので、グラフの1目盛りの幅も5の倍数としたほうが、目盛りを打つ位置がきっちり決まります[※1]。目盛り幅として可能なドット数は44.2ドットでしたので、これに近い5の倍数40ドットを1目盛りの幅とします。

> **POINT☞ ※1**
> グラフの目盛り数によっては、1目盛りがすべて5の倍数にできないこともあります。

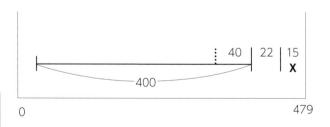

ADVICE

用紙が縦置きの場合、グラフの軸の長さを決定するときには、y軸よりも短いx軸から決めるようにします。y軸には十分な長さが取れます。こうして、x軸の長さを元に1目盛りを決定します。

3 x軸とy軸を引く

❶ グリッドを使ってy軸を引く

［グリッド機能ON］→［40］を選択し、
［縦線・横線］→［点サイズ小］→［5］
を選択

(1) y軸の始点（上端）の位置を決めます。2行目に仮に書いて置いた「y」という点字の6の点のyの位置は、ここでは縦53ドットです。

(2) 縦53ドットの位置から、y軸の上端との間も22ドット前後の間隔を取る必要があるので、40ドット間隔に引かれたグリッド（格子）を見ます。点字「y」の6の点より下に22ドット前後離れたあたりにくる高さのグリッドの横線と、右方向には5個分のグリッドの縦線との交点を見つけます。ここがy軸の始点（上端）の位置〈200，80〉です。

(3) y軸の終点（下端）は、ここから下方に400ドット（グリッド目盛り10個分）取った位置となります。

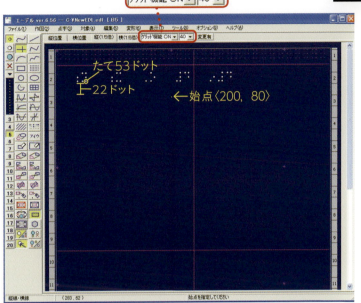

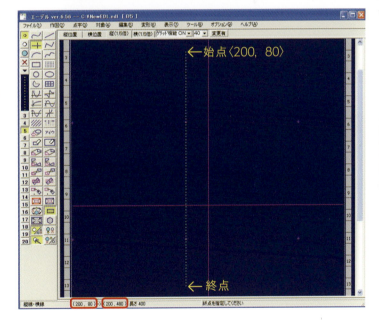

↑始点の　　↑終点の
　座標数値　　座標数値

一次関数のグラフを描く

❷**グリッドを使ってx軸を引く**

x軸はy軸の中央を横方向に直交します。y軸の始点から下方向に5目盛り下がった交点がグラフの原点〈200,280〉となります。この高さにx軸を引きます。始点(左端)は〈0,280〉、終点(右端)は400ドット右、つまり、グラフ目盛り10個分右に取った位置〈400,280〉となります。

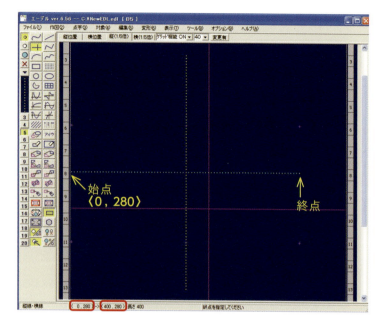

↑始点の　　↑終点の
　座標数値　　座標数値

4 グラフ方眼の処理

❶ 複写元となる点を作る

グラフ上のx，y座標〈-5, 5〉にあたるグリッドの交点の位置に小の点を打ちます。この交点を、始点と終点に同位置で指定（2回クリック）すれば小の点が打てます[※2]。同様に、この座標の右方向に4箇所、あわせて横に計5箇所に小の点で座標を打ちます（グラフの左上端の座標〈-5, 5〉から右へ〈-1, 5〉までの5箇所）。

> **POINT☞ ※2**
> グリッドの交点の位置をうまくクリックするには、［自由曲線］以外であることを確認し、そのグリッド交点近辺をクリックすることで、最適の位置をとらえることができます。

❷ 座標全体に小点をつける

［平行複写］→［長方形領域を対象に指定］→［点サイズ小］→［対象点種を指定点種のみに限定］を選択

先の❶で打った5個の座標の格子点を囲むように頂点と対角を指定します（囲んでいる線は表示されません）。

次に、コピー先を指定します。コピー先として、まず、下の段〈-5, 4〉から〈-1, 4〉までの交点5個と重なると、小点が表示されますのでクリックします。すると、横に5箇所の格子点がコピーされます。この方法を用いて、グラフ面の第1象限～第4象限までのすべての座標格子点に小点を打ちます。

複写機能の終了は右クリックです。

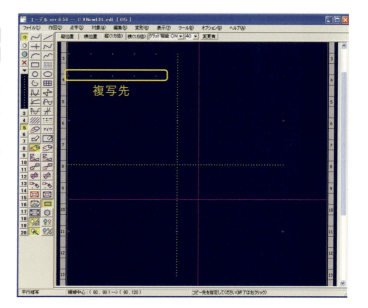

一次関数のグラフを描く

❸座標全体に小点が描かれたかを確認する

［グリッドOFF］を選択

小の点が描けていない座標（x軸，y軸上は除く）があるか、ないかを確認します。［グリッドOFF］にして点が打てているかどうかを確認します。打点もれがある座標を見つけたら、再度［グリッド機能ON］にして❶の要領で点を打ちます。

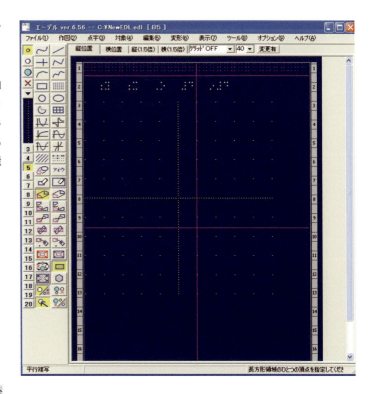

5 グラフ線の処理

❶グラフ線を引く

［斜線］→［点サイズ中］→［5］→［全点種対象］または［対象点種から指定点種を除外］を選択

グラフ線を引きます（［グリッドOFF］にしないとグラフ線は引けません）。
右上がりの一次関数のグラフ線の始点は座標〈360，80〉とします（グラフの目盛りでは〈4，5〉）。座標〈－2，－4〉を通って、y＝－5と交わる点〈94，480〉がグラフ線の終点となります。グラフ線の長さは480です。

❷グラフ線との交差部を処理する

［自由曲線］→［点サイズ小］→［3］を選択

この右上がりのグラフ線はx軸、y軸とそれぞれ交わります。また、座標に打っておいた格子点の小点とも交わる所があります。このような場合は、小点を消して、グラフ線の点種である中点を優先して残すようにします。

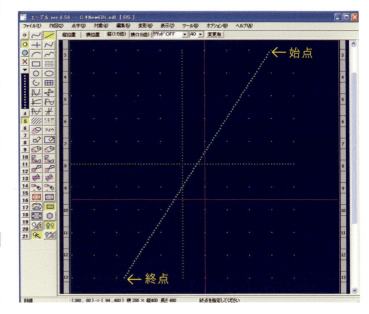

(1) グラフ線と x 軸・y 軸の交わった位置を右クリックし、小点を消去します。
(2) 座標の格子点とグラフ線が交わっている所の小点も、右クリックして消去します[※3]。

> **POINT** ☞ ※3
>
> ［自由曲線］で狭い部分の点を消去するとき、点間隔を［3］ドットのように小さくします。点間隔が大きいと消される範囲が広がってしまうからです。

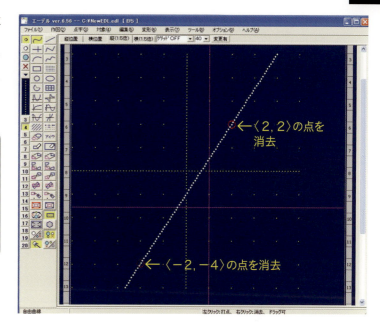

←〈2，2〉の点を消去

←〈－2，－4〉の点を消去

❸ 接近点がないかを確認する

メニューの［変形］→［異常接近点の検出］→［標準的なレベル］を選択
異常接近点がある場合は、その部分が画面上では赤い円で囲まれます。この赤い円の中にある小点がここでの異常接近点です。これを右クリックで消去します。特に、グラフ線上にくる格子点の小点（座標〈2，2〉や〈－2，－4〉）は見落としがちです。

> **覚えておくと便利！ ★2**
>
> 赤い円の［表示／非表示］の切り替えは［F4］キーで変更できます。

ADVICE

［変形］→［異常接近点の処理］の機能を用いると、x 軸、y 軸とグラフ線との交点などで生じる接近点の処理を自動でおこなうことができます。しかし、この接近点の自動処理はなるべくしないようにします。必要な点が消去されることがあるからです。

一次関数のグラフを描く

6 目盛りを描く

❶ 目盛り位置に中点を付ける

［縦線・横線］→［点サイズ中］→［6］→［全点種対象］または［対象点種から指定点種を除外］を選択

目盛りとして中点を1つ打ちます。目盛りの点はx軸、y軸に対して、目盛り数字を書く側に付けます[※4]。それぞれの目盛り位置で、軸上を始点に指定し、6ドット（触図に適した間隔）離れた位置を終点にします。これで、目盛りとしての中点ができます。

目盛り数字を書かない軸上の目盛り位置にも同様の方法で、中点の目盛りを打ちます。すると、始点に指定した軸上の点も中点に変わってしまうので、次の❷で小点に戻します。

グラフ線と接近するy軸の「－1」の目盛りは打ちません。

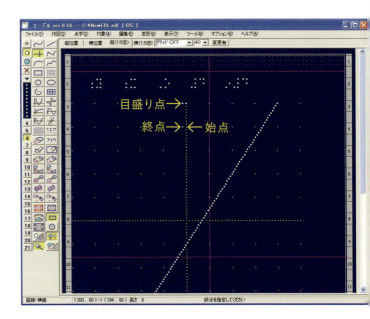

❷ x軸・y軸を小点にもどす

［点サイズの変更］→［対象領域を指定して変更］→［対象点種：中点→変更後：小点］を選択

軸の点が中点となった所を小点に点種変更をします。x軸のみ、y軸のみそれぞれを囲むように頂点と対角を指定します。グラフ線や、いま打った目盛り用の中点まで囲まないように注意します。

> **POINT☞ ※4**
> 関数グラフでは、通常、y軸の目盛り数字は左側に、x軸の目盛り数字は下側に記しますが、情報として入れなければならない要素を邪魔する場合には、目盛り数字を原点0からの軸の半分は反対側に付けることもあります。

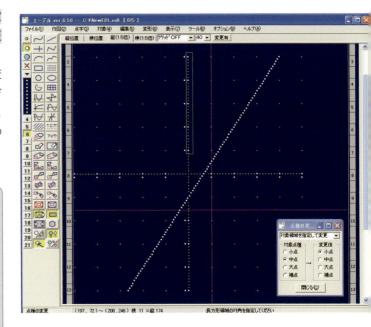

7 グラフ面に点字を配置

❶ 文字を平行移動する

[平行移動] → [長方形領域を対象に指定] → [点サイズ中] → [対象点種を指定点種のみに限定] を選択

2行目に書いておいた文字や数字（y、x、O、4、－4）を目的の位置まで移動します。それぞれの文字・数字を囲むように頂点と対角を指定します。移動先では、隣り合う要素（目盛りの点や軸など）との間隔を16～24ドットの範囲で離して（ここでは22ドット離して）配置します。ただし、原点に配置する「O」は、22ドットの間隔を取ると「－1」側に寄りすぎるため、ここでは、x軸・y軸ともに20ドットの間隔とします。

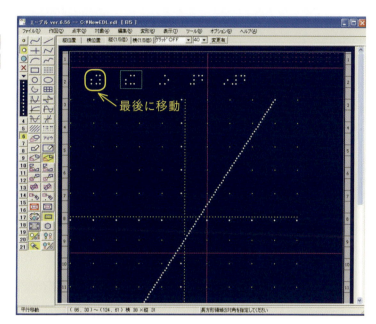

❷ 文字を平行複写する

[平行複写] → [長方形領域を対象に指定] → [点サイズ中] → [対象点種を指定点種のみに限定] を選択

目盛り数字の点字「4」「－4」は複数箇所に配置する必要があります。上の方法で平行移動した「4」と「－4」を利用して複写をします。それぞれを囲むように頂点と対角を指定し、複写先では、隣り合う要素との間隔を16～24ドット（ここでは22ドット）に指定します。

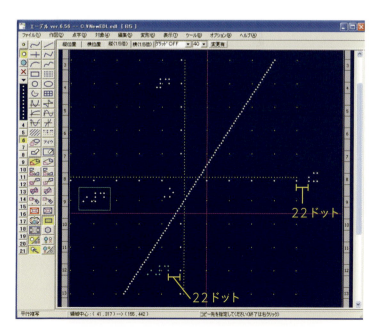

一次関数のグラフを描く

❸ 接近している座標の格子点を消す

［自由曲線］→［点サイズ小］を選択

いま配置した点字と、座標位置に打ってある格子点（小点）とが接近しすぎてはいけません。点字の近くにある格子点のほう（ここでは5箇所の小点）を右クリックで消去します。※5

POINT☞ ※5

x軸とy軸に付ける点字「x」「y」には外字符（小文字符）を、原点を示す「O」には外字符は付けず、大文字符を付けます。

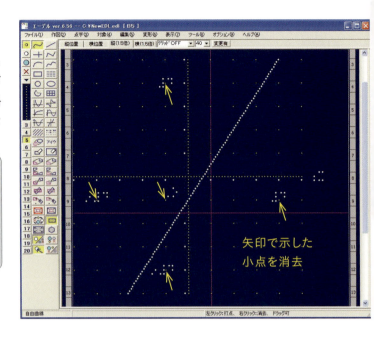

矢印で示した小点を消去

8 全体の位置修正

● 図全体を平行移動する

［平行移動］→［長方形領域を対象に指定］→［全点種対象］を選択

グラフが完成しましたが、少し左に寄りすぎています。そこで、図全体を右に移動します。グラフ全体を囲むように頂点と対角を指定し、横へ10ドットの位置を指定します。

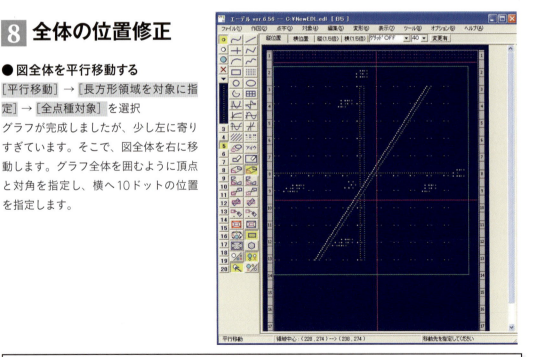

ADVICE

グラフの方眼を点図化する方法としては、ここで用いた「格子点のみに小の点を打つ」という方法がおすすめです。p84の補章を参照してください。

第 5 章

折れ線グラフを描く

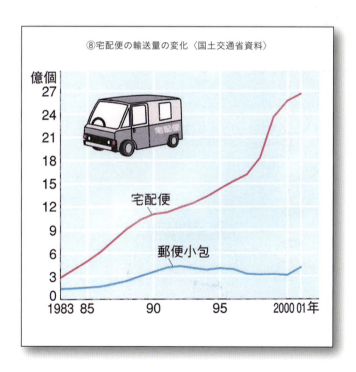

⑧宅配便の輸送量の変化〈国土交通省資料〉

【原図出典】帝国書院「社会科　中学生の地理　世界の中の日本（初訂版）」（平成17年3月30日検定済）p 165

折れ線グラフを描く

完成した折れ線グラフの点図

1 文字を書く

● **タイトルを書く**

［点字の書き込み］→［両面（表）タイプ
定位置］を選択

2行目から、このグラフのタイトルを書き
ます。その次の行は1行空けます。

6行目の行頭からは、縦軸の文字「（億
個）」「27」「24」……「3」「0」を書いて
いきますが、数字は最も小さい桁数の位
置が右揃えになるように書きます。数符
の位置では揃えません。

横軸の文字は1行内には書けないので、17
行目と18行目の2行を用います。17行目
に、「85」「95」「01」と書きます。見本
図のようにこの17行目の文字は間隔をあ
けて書いてください。後で、この文字間に
引き出し線を通します。そして、18行目に
「1983（年）」「90」「2000」と書きます。

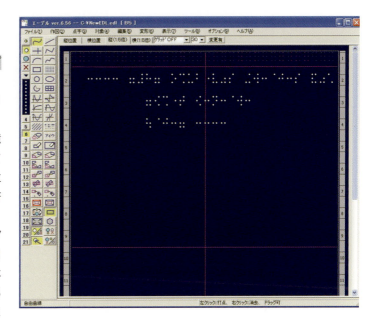

ADVICE

グラフの軸に、配置する文字列（点字）が入りきらないときもあります。そのようなときには、この作
図例の横軸のように2行に分けて文字を配置したり、単位を書く位置を変更することがあります。
また、西暦年を2桁に略したり（2009年→09年）、原本で使われている西暦年の表示する数をまびい
たり（2001年、2005年、2010年のように、5年おきにするなど）してグラフ化することもあります。

折れ線グラフを描く

2 グラフ方眼の1目盛りの割り出し

❶横軸の長さと1年分の目盛り幅を決める

横軸の左端を決めます。縦軸に配置する点字「27」の「7」という点字の5の点の横座標が〈横36〉です。ここから22ドット[※1]離して目盛り点を1個打ち、さらに6ドット離して横軸を引くことになります。つまり、これらの合計（36＋22＋6）の64ドットが横軸の左端となります。最大横幅は479ドットですので、横軸に用いることのできる範囲は、479－64＝415ドットとなります。これを目盛りの数18（1983年～2001年分）で割って、横軸の線種である小の点の点間隔5ドットで割り切れる幅となるような切りの良い数値を探します。415÷18＝23.1ドットですので、ここでは、5の倍数としての最大値20ドットを横軸の1目盛りとします。

> **POINT☞ ※1**
> 点図として配置する各要素間の間隔は、16～24ドットを標準とします。ここでは22ドットで描いています。以下、「22ドットの間隔を空ける」とある場合は、同様の意味となります。

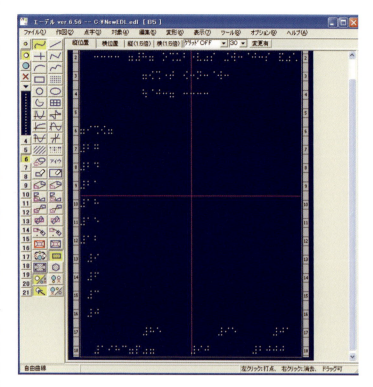

❷ **縦軸の長さと1目盛りの幅を決める**

縦軸の上端は、縦軸に配置する数値の点字「27」の1桁目の「7」の5の点の位置〈縦241〉です。17行目に配置した「85」などの点字の1の点〈縦624〉から22ドット離して目盛り点1個を打ち、さらに6ドット離した位置が縦軸の下端〈縦596〉です。つまり、縦軸の下端は〈64，596〉となります（図の補点の位置）。よって、縦軸の長さは、596－241＝355ドットです。

さて、原図をみると、縦軸の目盛り数は9目盛りですので、9で割って切りの良い値を縦軸の1目盛りの幅とします。長さ、355÷9＝39.4ドットと半端な数値が出ますので、ここでは、1目盛りを40ドットとしました。すると、縦軸は、予定していた355ドットより5ドット長くなってしまいました。そこで、縦軸の上に配置する文字「(億個)」と、目盛りの数字「27」との行間を現在の25ドットから5ドット狭くし、20ドットとすることで調整します。

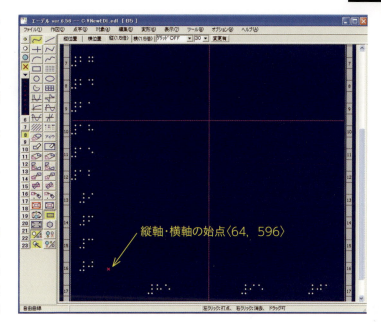

縦軸・横軸の始点〈64，596〉

折れ線グラフを描く

3 軸と目盛りを描く

❶ グラフに仮の格子線を描く

［枠線］→［補点］→［20］→［行の数：9、列の数：18］を選択

グラフ目盛り幅に沿った縦横の仮の格子線を引きます。枠線の設定は、［行の数：9、列の数：18］をそれぞれ指定します。 2 ❶❷で求めた横20ドット、縦40ドットにそれぞれ目盛り分をかけると、横・縦ともに360ドットになります（縦：40ドット×9目盛り＝360ドット、横：20ドット×18目盛り＝360ドット）。枠線の頂点（左下）には、〈64, 596〉を指定し、右へ（64＋360）ドット、上へ（596－360）ドットの位置〈424, 236〉を対角（右上）に指定します。

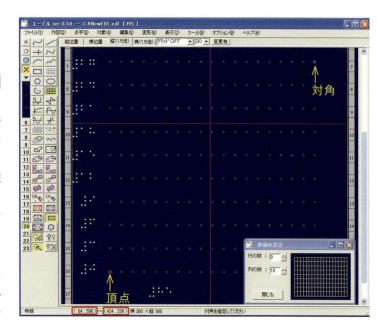

↑頂点の　↑対角の
　座標数値　座標数値

❷ 軸を引く

［縦線・横線］→［点サイズ小］→［5］→［全点種対象］または［対象点種から指定点種を除外］を選択

先にもとめた〈64, 596〉が縦軸・横軸ともに始点となります。縦軸・横軸ともに同じ長さである360ドットを終点に指定します[※2]。

> **POINT☞ ※2**
> ［Ctrl］キーを押すと、直前に引いた線の始点を再度始点に指定することができます。

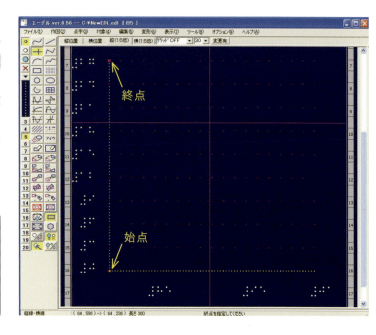

❸ 軸に目盛りの点を付ける

［自由曲線］→［点サイズ中］を選択
まず、横軸から下方向に6ドット離して中点を1個ずつ右に順に打っていきます。文字「1983（年）」のための目盛り点は〈64,602〉の位置となります。「85」「90」「95」「2000」「01」の文字に相当する横軸位置にも、それぞれ下に6ドット離して目盛り点を打ちます。次に、縦軸にも左に6ドット離した位置に目盛り点を打ちます。文字「0」のための目盛りの位置は〈58,596〉となります。続けて、文字「3」のための目盛り点を同様にして打ちます。

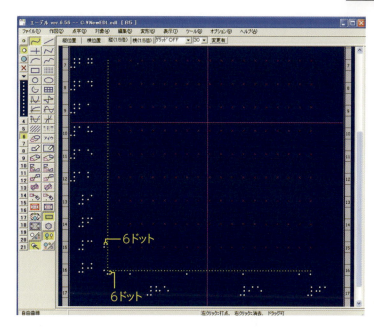

❹ 縦軸全体に目盛りの点を付ける

［上下左右対称複写］→［長方形領域を対象に指定］→［点サイズ中］→［対象点種を指定点種のみに限定］を選択
縦軸に付けた「0」と「3」の2つの目盛りを囲むように頂点と対角を指定し、コピー先では、「0」の位置にあった目盛りを「3」の目盛り位置に重ねクリックします。すると、「6」の目盛りが付きます。順々に1目盛り分上の位置に重ねて、「9」〜「27」までの目盛り点を複写して付けていき、右クリックで終了します。

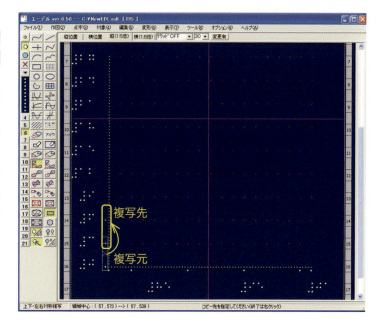

ADVICE

グラフの作図においては、原図には描かれていなくても、数値の読み取りを考慮して、さまざまな工夫をすることがあります。p84の補章を参照してください。

折れ線グラフを描く

4 軸に文字を配置

❶ 横軸に配置する文字のうち、2段目の文字には引き出し線を付ける

［縦線・横線］→［点サイズ小］→［10］を選択

横軸の最も左の目盛り〈64, 602〉から、10ドット下の点〈64, 612〉をステータスバーで確認しながら引き出し線の始点に指定します。ここから、「1983（年）」の点字の手前22ドット離れた位置を終点に指定し、引き出し線を引きます。

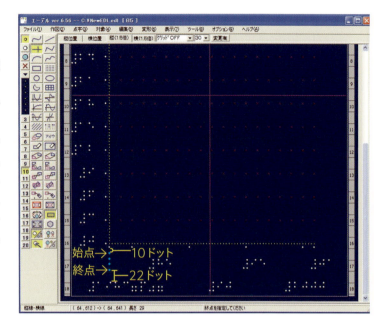

❷ 引き出し線を必要な分複写する

［平行複写］→［長方形領域を対象に指定］→［全点種対象］を選択

❶で引いた箇所で、中点の目盛りの点と引き出し線を囲むように、頂点と対角を指定します。「90年」と「2000年」の目盛り点に、複写元の中点がそれぞれ重なった位置で指定します。右クリックで終了します。★1

> 覚えておくと便利！ ★1
> ［平行複写］機能を使って目盛りの点を書く場合、複写元をその都度、囲み直していく方法もあります。

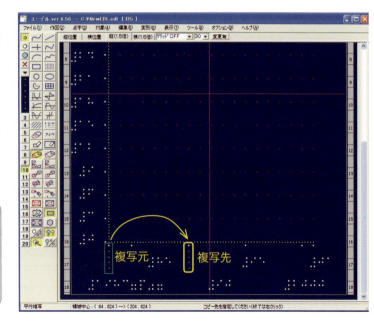

❸文字を移動する

［平行移動］→［長方形領域を対象に指定］→［点サイズ中］→［対象点種を指定点種のみに限定］を選択

最初に書いておいた文字を適切な位置に配置します。前もって、目盛りの点と文字、引き出し線と文字の間隔22ドットを空けてありますから、ここでは、横軸の文字は横方向（左右）に、縦軸は、縦方向（上下）に移動します。

横軸に配置する文字は、それぞれ囲むように頂点と対角を指定し、文字列の幅の中央が、目盛り点や引き出し線のそれぞれの位置にくるようにします。スペースの関係上、中央配置が難しいケースもあります。ここでは、「01」の文字は上の目盛り点に対して中央には配置できませんので、左にくる文字や引き出し線とくっつかないことを重視した位置としました。縦軸もそれぞれの文字を囲むように頂点と対角を指定し、文字列の高さの中央が、目盛り点の位置にくるようにします。ただし、「(億個)」はそのままの位置です。※3

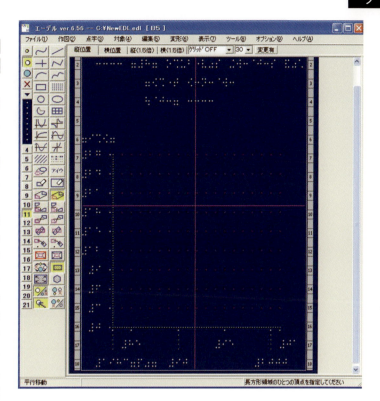

> **POINT ☞ ※3**
>
> 引き出し線を平行複写しているときに、文字に重なる場合があるかもしれませんが、文字の移動はこの後におこないますので、ここでは重なりを気にする必要はありません。

折れ線グラフを描く

5 グラフ線を描く

●折れ線を使ってグラフ線を引く

［折れ線］→［点サイズ中］→［5］→
［全点種対象］または［対象点種から指定
点種を除外］を選択

補線で引かれている格子線を参考にして折れ線を引きます。折れ線は、始点を指定した後、中継点を連続して指定し、右クリックで終了します。ここでは、宅配便の始点に〈64，556〉を、郵便小包の始点に〈64，576〉を指定しています。

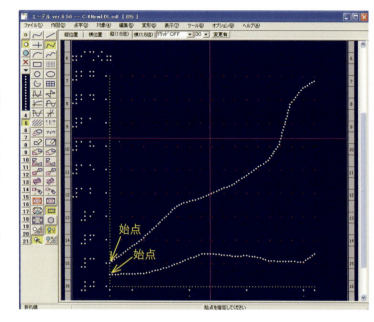

ADVICE

1. 折れ線のグラフ線を引くとき、グラフ線によっては、一部を［弓線］機能を使うこともあります。

2. グラフ線の中継点の指定において、中継点が格子点の補点の右下に近づくと、その補点に引かれて補点を選択状態にしてしまうことがあります。そのときは、［右下から点の位置を決める機能］のボタンを一時的にオフにするとよいでしょう。

6 グラフ線に文字を配置

●各グラフ線が示す項目名を仮の位置に書く

［点字の書き込み］→［任意の位置］を選択

グラフ内の空いている位置に、「宅配便」「郵便小包」と仮に書きます。

❷各グラフ線付近にその項目名を配置する

［平行移動］→［長方形領域を対象に指定］→［点サイズ中］→［対象点種を指定点種のみに限定］を選択

これらの文字はグラフ線の右端部で、線より上部に配置することとします。また、可能な限り、「宅配便」と「郵便小包」の文字が同じ位置で上下にくるように配置します。ここでは、グラフ面の右端詰めで文字を揃えています[※4]。それぞれの文字を囲むように頂点と対角を指定し、グラフ線の右端上に22ドット離した位置を指定します。

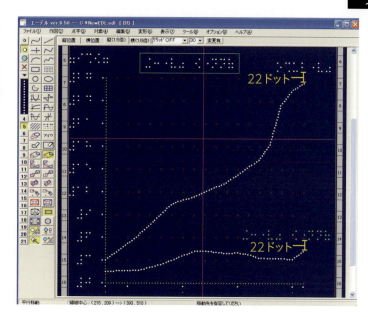

> **POINT ☞ ※4**
>
> グラフ線につける、この線が何を示す線であるかの説明文字列の入れ方ですが、本図のようにグラフ面の右端詰めで揃える方法のほか、グラフ線の始まり付近、もしくは中央付近で上下に複数の説明文字列を配置するときには、文字列の頭を揃えることを原則とします。また、グラフ面内に文字列が配置できない場合には、グラフよりも前の領域で、凡例としてグラフ線の説明を入れるようにします。

ADVICE

1. 格子線に用いた補線は、点字印刷されません。
2. グラフ内にある車のイラストは描きません。

📋 コラム　補点の役割と使い方

　補点とは、エーデルに用意されている点種の一つです。画面上では赤色の×印として表示されますが、点字印刷はされない仮の点です。この性質を活用すると、次のような作図作業のときに便利です。

【移動・複写先の目印】
　ある図形や文字列を離れた位置に移動・複写する場合に、あらかじめ移動・複写したい先方の位置に補点を打っておくと便利なことがあります。

【レイアウト用の割り付け】
　1枚の用紙のどの位置からどの位置までにどんな図や文字列の各部品を配置するかといった全体レイアウトを考えるときに、補点を用いた線で用紙を分割しておくと、実際の描き出しの際に見当がつけやすくなります。

【グラフ線を引くための目印】
　折れ線グラフなどでグラフ線を引くときに、原図の数値を読み取りながら、それを点図上のサイズに合わせてグラフ線として描いていきます。この場合、補点による方眼を縦横軸の目盛りの幅で画面に作成しておくと、目盛りを読みながらのグラフ線の書き入れに便利です。

【凹線方眼作成のための準備】
　これは発展的な補点の活用法です。本書では、パソコン点訳におけるグラフの方眼表現としては「格子点方眼」が望ましいとしています（p84補章を参照）。ただ、パソコン点訳の世界ではなく、専門の点字出版所が点字製版機により作成する点字教科書などのグラフでは「凹線方眼」が標準となっています。凹線方眼とは、文字通り凹んだ線を縦横に入れて方眼とするもので、紙を裏返して裏から打ち出します。パソコン点訳でもこの凹線方眼入りのグラフを補点を利用して作成することができます。ただし、凹線方眼が読み取りスピードにおいて優れているわけではありません。実験の結果は、本書でお薦めしている格子点方眼と凹線方眼とでは、読みやすさにおいてはどちらも差はないことがわかっています。参考として、凹線方眼の作成法の概要の3ステップを紹介しておきます。

①方眼を補点（点間隔6）で描いたグラフを作図し、「グラフ表.EDL」などとして保存する。

▲方眼は補点

②このグラフから補点の方眼のみを残した図をいったん作成し、それを左右反転（[変形]→[上下・左右対称移動]または[その場で回転移動〈180度〉]）させてから、補点を点サイズ中に点種変更し、「グラフ裏.EDL」などとして保存する。

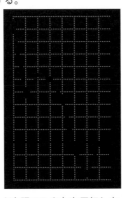

▲方眼のみを左右反転し中点に変更

③ESA721の点字プリンタで、①のファイルを印刷したのちにその用紙を裏返して再度セットし、②のファイルを印刷する。印刷結果を見て、重なり打点のないように①または②の図の位置を調整する。

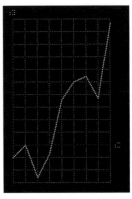

▲両面印刷（緑の線が凹線）

基礎・基本編

第6章

棒グラフを描く

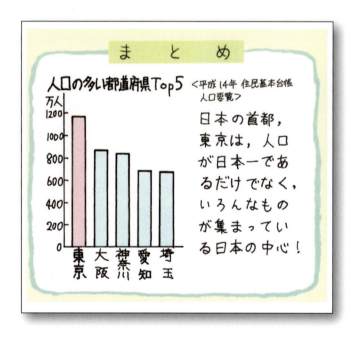

【原図出典】帝国書院「社会科 中学生の地理 世界の中の日本」（平成17年3月30日検定済） p72

棒グラフを描く

完成した棒グラフの点図

1 文字を書く

❶ タイトルを書く

［点字の書き込み］→［両面（表）タイプ定位置］を選択

このグラフのタイトルを書きます。その次の行は1行空けます。

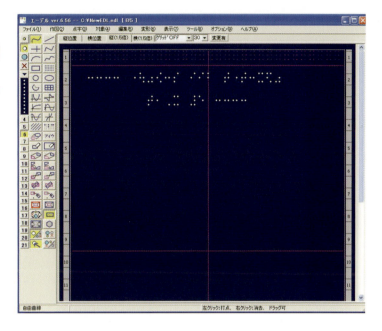

❷ 縦軸・横軸に配置する文字を書いておく

まず、縦軸の文字は行頭から「(万人)」「1200」「1000」……「200」「0」を書きますが、数字は最も小さい桁数の位置が右揃えになるように書きます。数符の位置では揃えません。

横軸の都道府県名の文字は1行には並びませんので、17行目と18行目の2行を用います。17行目6マス目から「東京」「神奈川」「埼玉」、18行目11マス目からは「大阪」「愛知」と見本図を参考にして間隔を空けながら書いてください。

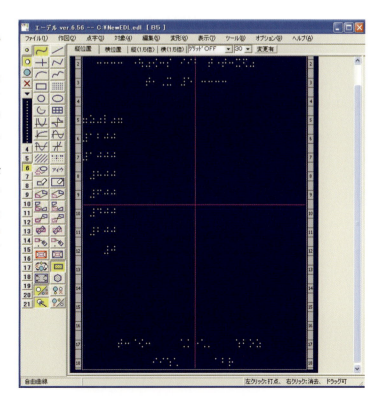

棒グラフを描く

ADVICE

1. 図のタイトルにある英字の「Top」は、ここでは「トップ」とカナ表記にしました。原本通りアルファベットで書く場合は、外国語引用符で囲みます。

2. グラフの軸に配置する文字列（点字）が入りきらないときもあります。そのような場合には、この作図例の横軸のように、2行に分けて文字を配置することができます。また、「トーキョー」を「トー」、「オオサカ」を「オオ」などと略すこともできます。略した場合は、必ず図の前のページにその説明を付けることにします。

3. この図では、グラフの出典先と説明文は省略してありますが、必要な場合は適宜書き入れてください。

2 グラフ方眼の1目盛りの割り出し

❶横軸の長さ、棒の幅と間隔を決める

グラフの横軸の左端を決めます。縦軸に配置するための数値として書いておいた点字「1200」の、1桁目にある「0」という点字の5の点の横座標が〈横66〉です。ここから、22ドット離して目盛り点1個を打ち、さらに、6ドット離して横軸を引くことになります。(66＋22＋6) の合計が左端の横座標〈横94〉となります。最大横幅は479ドットですので、横軸に用いることができる幅は、479－94＝385となります。ここでは、棒グラフ1本分の横幅を30ドット、各棒間の間隔を25ドットとして描いていきます。棒の数が5本、必要な間隔の数が6箇所、つまり、横軸の長さは300ドットになります。

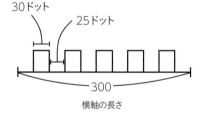

POINT ☞ ※1

点図として配置する各要素間の間隔は16〜24ドットを標準とします。ここでは22ドットで描いています。以下、「22ドットの間隔を空ける」とある場合は同様の意味となります。

❷縦軸の長さと１目盛りの高さを決める

縦軸は縦軸に配置する数値の点字「1200」の１桁目の「0」の5の点の位置である縦座標〈縦202〉から17行目に配置した「東京」などの点字の１の点の22ドット手前の縦座標〈縦602〉までです。つまり、400ドットの範囲となります。ここに、6目盛りを打ちますので、ここでは、1目盛りの高さを60ドットにします。

③ 軸と目盛りを描く

❶縦軸・横軸を引く

［縦線・横線］→［点サイズ小］→［5］を選択

まずは、縦軸を引きます。②の❶❷より〈94，202〉を始点に指定し、6目盛り分の長さ360ドット下に伸ばした位置を終点に指定します。

次は、横軸です。今引いた縦軸の終点を横軸の始点に指定し、長さ300ドットの位置を終点に指定します★1。

> **覚えておくと便利！ ★1**
> ［Shift］キーを押すと、直前に引いた線の終点を始点として指定することができます。

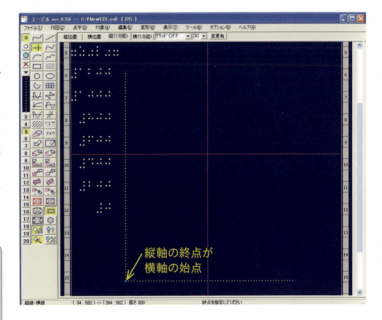

縦軸の終点が横軸の始点

❷縦軸に複写元となる目盛り点を付ける

［自由曲線］→［点サイズ中］を選択

縦軸の左側に、複写元となる目盛り点を2個付けます。この2点は、目盛り「0」の位置〈88，562〉と目盛り「200」の位置〈88，502〉です。

また、この2点は、縦軸から左に6ドット離れ、かつ、縦の目盛りの間隔が60ドットです。

棒グラフを描く

❸縦軸全体に目盛りの点を付ける
［上下左右対称複写］→［長方形領域を対象に指定］→［点サイズ中］→［対象点種を指定点種のみに限定］を選択
❷で打った「0」と「200」の位置の目盛り2個を囲むように頂点と対角を指定します。コピー先では、「0」位置にあった目盛りを「200」の目盛り位置に重ねてクリックします。すると、「400」の目盛りが付きます。順々に1目盛り分上の位置に重ねて「600」～「1200」までの目盛り点を付けていき、右クリックで終了します。

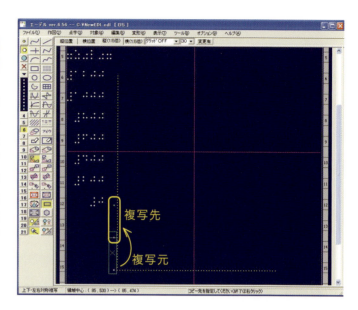

4 グラフを描く

●グラフ棒を描く
［正方格子］→［点サイズ小］→［5］を選択
縦軸から、最初の「東京」のグラフ棒の左端までの間隔のために25ドット空けます。横軸の小点〈119, 562〉を頂点に指定し、ステータスバーを見て、〈横（グラフ棒の幅30ドット）×縦（「東京」のグラフ値に相当する高さ）〉の位置を対角に指定します。この要領で、隣との間隔を25ドット、グラフ棒の幅30ドットで順々に引きます。

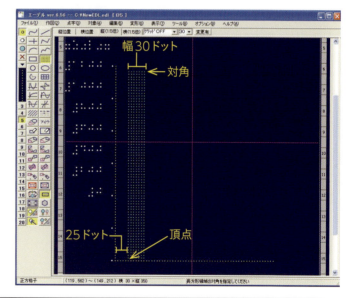

> **ADVICE**
>
> 1. グラフの作図においては、数値の読み取りを考慮して、さまざまな工夫をすることがあります。例えば、原図には描かれていなくても、右側にも目盛り付きの縦軸を引いたり、注目すべき目盛りにのみ目盛りのための格子線を付けたりすることもあります。p84の補章を参照してください。
>
> 2. グラフ棒の数により、隣のグラフ棒との間が変化します。グラフによっては、間隔が狭くなることもあります。逆に、グラフ棒の数が少ないからといって、間隔を大きく取りすぎると読みにくくなります。幅に余裕がある場合は、グラフ棒の幅と棒間隔の幅は同じくらいにすることをおすすめします。

5 軸に文字を配置

❶横軸に配置する文字のうち、18行目の文字に引き出し線を付ける

［縦線・横線］→［点サイズ小］→［10］を選択

「大阪」のグラフ棒の下に引き出し線を付けます。グラフ棒の幅の中央で横軸上の小点〈189，562〉を始点に指定し、長さ50ドットの位置を終点に指定します。「愛知」のグラフ棒の下にも同様に引き出し線を付けます。また、［平行複写］の機能でさっきの「大阪」の引き出し線を複写元にして、「愛知」の位置にコピーすることもできます。

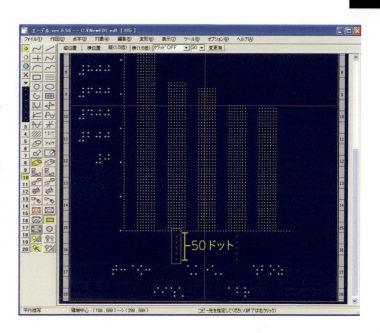

❷文字を移動する

［平行移動］→［長方形領域を対象に指定］→［点サイズ中］→［対象点種を指定点種のみに限定］を選択

最初に書いておいた文字を適切な位置に移動して配置します。横軸に配置する文字は、それぞれを囲むように頂点と対角を指定し、17行目の文字は、グラフ棒の幅の中央がそれぞれの文字列の中央にくるように、かつ、横軸から下に22ドット離した位置を指定します。次に、18行目の文字は、引き出し線がそれぞれの文字列の幅の中央にくる位置で、かつ、引き出し線から下に22ドット離した位置を指定します。

縦軸に配置する文字は、目盛り点と文字の間隔として22ドットをすでに取っていますので、ここでは、上下にのみ移動します。縦軸の文字をそれぞれ囲むように頂点と対角を指定し、文字列の高さの中央が目盛り点の位置にくるようにします。ただし、「1200」と「(万人)」の点字は移動する必要はありません。

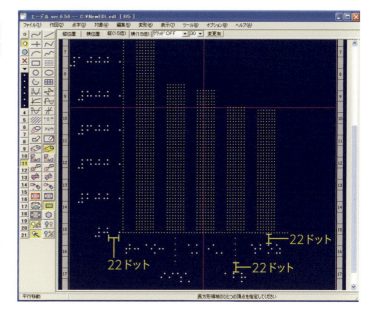

棒グラフを描く

6 全体の位置修正

●図全体を右に移動する

［平行移動］→［長方形領域を対象に指定］→［全点種対象］を選択

最後に左に寄っている図を右に移動します。グラフと、タイトルを除く文字を囲むように頂点と対角を指定し、横へ30ドット移動した位置を指定し、全体の位置調整をします。

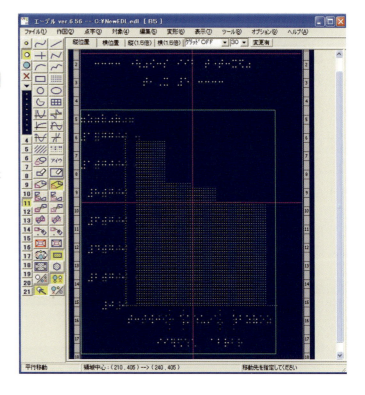

基礎・基本編

第7章

円グラフを描く

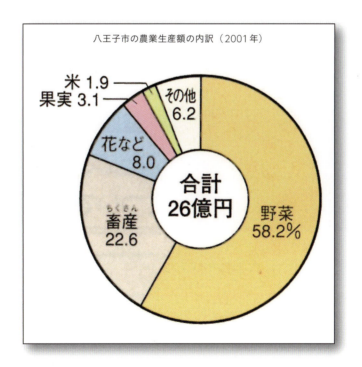
八王子市の農業生産額の内訳（2001年）

【原図出典】帝国書院「社会科 中学生の地理 世界の中の日本」（平成17年3月30日検定済） p 51

円グラフを描く

完成した円グラフの点図

1 下準備としての計算をする

❶ %を角度に置き換える

円グラフでは、半径にあたる線により、領域を切り分ける必要があります。そのための下準備として、次の計算をしておきます。360度を100%で割ることで、まず、1%当たりの角度、3.6度がでます。円グラフは通常、各品目の数値が多い順に右回りに領域（扇形の面積）を割り当てていきます。各品目の%値に3.6度を乗じることで、品目ごとの角度は計算できます。ただし、2番目以降の品目の角度を出すときは注意が必要です。例えば、2番目の「畜産」と、3番目の「花など」との境に引く半径の角度を求めることを考えてみます。

この場合、「畜産」の扇形の前に1番数値の多い品目「野菜」の扇形がすでにありますので、「畜産」と「花など」との境に引く半径の角度は、（「野菜」+「畜産」）の合計の%値を角度にしなければなりません。

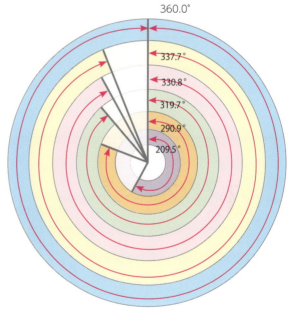

❷ 各品目間に引く半径線の角度を計算する（小数第2位を四捨五入）

「野菜」…3.6×58.2％＝209.5°
「畜産」…3.6×(58.2＋22.6)％＝290.9°
「花など」…3.6×(58.2＋22.6＋8.0)％＝319.7°
「果実」…3.6×(58.2＋22.6＋8.0＋3.1)％＝330.8°
「米」…3.6×(58.2＋22.6＋8.0＋3.1＋1.9)％＝337.7°
「その他」…3.6×(58.2＋22.6＋8.0＋3.1＋1.9＋6.2)％＝360.0°

円グラフを描く

2 文字を書く

❶用紙を横向きにする
［横位置］を選択

この図には、円グラフの横に表を載せます。このため、用紙を横置きにしてから作図を始めます。

❷タイトルと表を書く
［点字の書き込み］→［両面（表）タイプ定位置］を選択

1行目からタイトルを書き、その次の行を1行空けます。次行の行頭から、表を書いていきます。

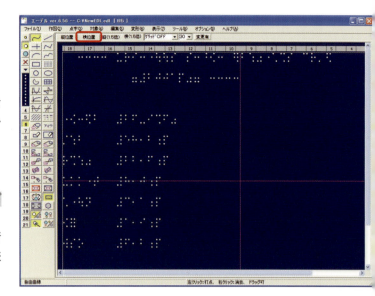

ADVICE
1. 用紙の向きは、［縦位置］にして入りきらないときには、［横位置］で描きます。
2. この図では、グラフの出典先と説明文は省略してありますが、必要な場合は適宜書き入れてください。

3 グラフの大きさを決める

●円周を引く
［円］→［点サイズ中］→［5］を選択

円の大きさを決めます。円グラフ内に書けない品目名があるときは、円の外側の余白に、グラフから引き出し線を出して、その先に品目名を書く必要が出てきます。円の外側に配置する文字の位置などを考えて、円の大きさを決めます。この図は、円の外側に品目名の文字を配置することになります。このため、ここでは円の中心として〈327, 186〉を指定し、半径150ドットの円の大きさにします。円が完成すると中心点には補点が現れます。

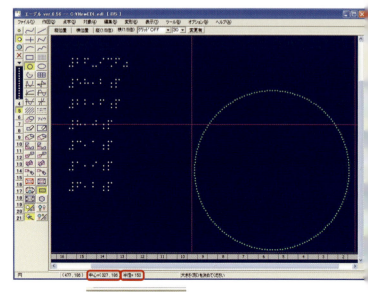

4 グラフ内に区切り線を引く

❶ 12時の方向に区切り線を引く

［縦線・横線］→［点サイズ小］→
［5］→［全点種対象］または［対象点種
から指定点種を除外］を選択

各品目間に区切り線を引いていきます。
まず、その基準となる半径に相当する区
切り線を、円の中心から真上12時の方
向に1本引きます。始点は円の中心（補
点の位置）でよいのですが、終点は半径
そのものの150ドットよりも、5ドット
短い145ドットの位置とします。

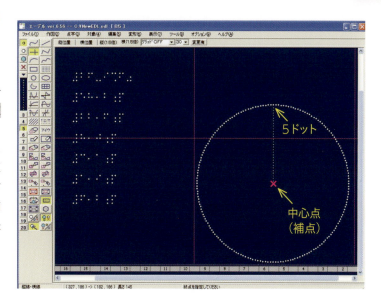

❷ 次々と区切り線を引く

［その場で回転複写］→［長方形領域を
対象に指定］→［点サイズ小］→［対象
点種を指定点種のみに限定］を選択

(1) 12時の位置に描いた区切り線を利用
して、円の中心を軸にした回転複写機
能により、順々に区切り線を作図してい
きます。まず、12時に向けて引いた区
切り線の先端の「小点」をクリックし、
そこを頂点に指定します。

(2)「×」印が現れますので、この「×」
を円の中心に重ね、ステータスバーには
〈横290×縦0〉が表示されたことを確認
しクリックします。最後に、ステータス
バーに表示される回転角を見ながら※1、
どこの位置に複写するかを決めてクリッ
クします。

(3) 連続して複数の複写ができるので、
1の❷で求めておいた品目名ごとの角
度を順々に指定していきます。角度の
数値の調整はキーボードの矢印キーで
もできます。この機能の終了は右クリッ
クです。

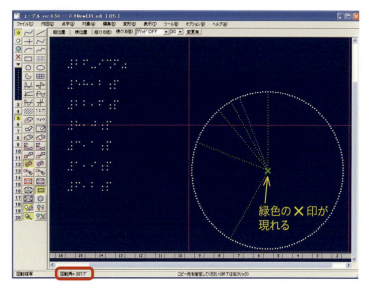

ここを見て回す

円グラフを描く

POINT ☞ ※1

角度の数は0～360の時計回りで、ステータスバーに小数第1位まで表示されます。

❸ **接近点を検出する**

メニューの［変形］→［異常接近点の検出］→［多目に探す］を選択

異常接近点がある場合は、その部分が赤い円で囲まれます。この赤い円の中にある小点がここでの異常接近点です。赤い円の［表示／非表示］の切り替えは［F4］キーで変更できます。

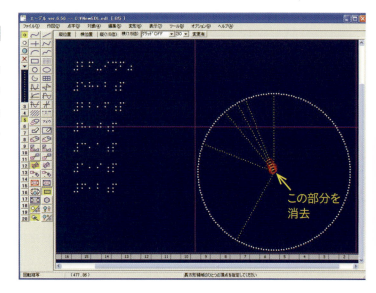

❹ **接近点を消す**

［領域を指定して消去］→［長方形領域を対象に指定］→［点サイズ小］→［対象点種を指定点種のみに限定］を選択

円の中心付近に接近点があります。特に、品目の％値が少ない区切り線が中心に集まってくると、中心点付近は小点が混み合ってしまいます。赤い円の中では、「花など」と「果実」の境界線、「果実」と「米」の境界線、「米」と「その他」の境界線の3本が、中心部分で接近しすぎています。ここでは、3本のうちの真ん中の境界線（「果実」と「米」の間）を円の中心から外側方向に向かって順に消していき、赤い円が出なくなるまで繰り返します。

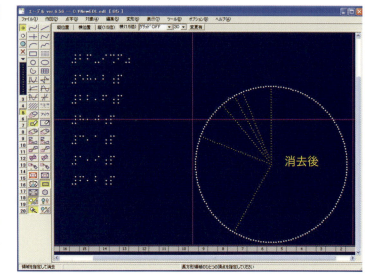

5 グラフ内に書けない品目名の処理

❶引き出し線に用いる線種と点間隔を使い分ける

［縦線・横線］→［点サイズ小］→［10］を選択（引き出し線の向きが垂直・水平の場合）、

［斜線］→［点サイズ小］→［9］を選択（引き出し線の向きが斜めの場合）

ここでは、品目名「花など」「果実」「米」「その他」の文字がグラフの円内に入らないので、円のこれらの領域から放射線状に引き出し線を出し、その先に文字を配置することにします。

引き出し線は「小点」、その点間隔は水平・垂直方向ならば10ドット、斜め方向ならば9ドットとし、引き出す線の方向により使い分けます。この図では、品目名「その他」につける引き出し線のみが水平・垂直方向となり「小」の点間隔10ドット、それ以外の品目名ではいずれも「小」の点間隔9ドットの斜線を用います。

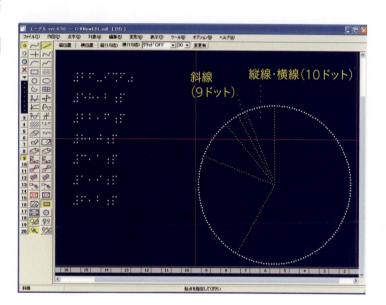

❷引き出し線を描く

ここでは、「花など」につける引き出し線の描き方を取り上げます。この方法で「果実」「米」にも引き出し線を付けてください。

円周から中心に向かって内側に2個点を描きます。

(1) まず、円周から中心に向かって内側に2個点を描きます。各品目の円弧の中心付近で、円周を構成する中点と中点の間の円周上に始点を取ります。

(2) 円周上の始点から、円の中心に向かってマウスを動かし小の点が2個現れるようにします。この、長さが18ドット（引き出し線の向きが斜めなので点間隔が9ドットを指定している場合）の位置が終点となります。

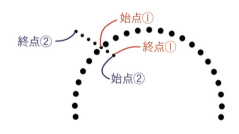

円グラフを描く

(3) 次に、円周よりも外側に4個分引き出し線を延ばします。円周よりも内側に2個引き出した線の終点を今度は始点に指定し★、すでに描いた内側の2個の引き出し線と重なるように同一線方向にマウスを動かします。円周よりも外への引き出し線は小の点が4個分の長さとします。この長さは54ドット（円周内外合わせて引き出し線の点の数6個×点間隔9ドット）となり、その長さのところを終点とします。

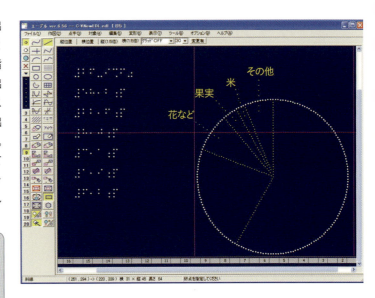

覚えておくと便利！ ★
［Shift］キーを押すと、直前に引いた線の終点を始点として指定することができます。

❸ 円周上の小点の処理をする

［自由曲線］→［点サイズ小］→［3］を選択※2
円周上の2つの「中点」の間に、引き出し線の「小点」が入っている部分は、右クリックで消去します。

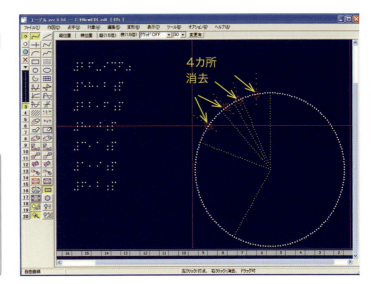

POINT☞ ※2
［自由曲線］で狭い部分の点を消去する時、点間隔を［3］ドットのように小さくします。点間隔が大きいと消されてしまう範囲が広がるからです。

ADVICE

1. 表と円グラフが同じページ内に描ききれないときは、前のページに表を描きます。
2. 引き出し線を描くときや消去するときに、画面中心線（赤い線）が重なって作業しづらいことがあります。この場合は、［F2］キーを押して中心線を非表示にします。

6 文字の移動

●表の文字列をグラフに配置する

［平行複写］→［長方形領域を対象に指定］→［点サイズ中］→［対象点種を指定点種のみに限定］を選択

表内の文字列を、グラフ内および引き出し線の先に複写します。文字列を囲むように頂点と対角を指定し、複写先でクリックします。引き出し線の先では、16～24ドット（ここでは22ドット）の範囲で離した位置に、それぞれ見本図のように複写します。

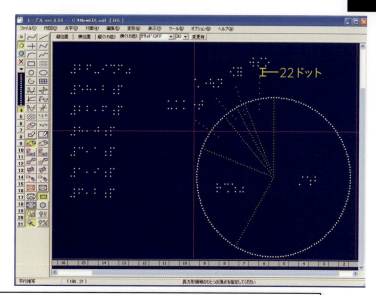

ADVICE

円の中心に書かれている合計値は、円グラフの点図では表現しません。表内に合計値を書き込みます。

補章　グラフ点訳のための頭の整理

　私たちが、教科書などの点訳で目にするグラフ類には、折れ線グラフや棒グラフ、円グラフなどの統計グラフと、x軸とy軸が原点Oにて直交する関数グラフとに大別されます。
　これらのグラフ類を点図化するにあたって共通する留意点がありますので、ここで少しまとめておきます。

1．グラフを構成する各要素に用いる点種

　統計グラフ・関数グラフを問わず、グラフを構成する各要素はどの大きさの点で、どんな点間隔の線で描けばよいのかを、まず、整理しておきましょう。

要素名	点サイズ	点間隔	留意点
横軸（x軸）・縦軸（y軸）	小	5	
軸につける目盛り点	中		軸からは6ドット離す
方眼を代行する格子点	小		縦軸と横軸の交点にのみ点をつける
折れ線・放物線などのグラフ線	中	5	垂直・水平なグラフ線なら点間隔は6
同一グラフ面で用いたい第2グラフ線	中	10	垂直・水平なグラフ線なら点間隔は11
文字ラベルへの引き出し線	小	10	斜めに引き出すなら点間隔は9
縦軸の数字の配置			最小桁（通常は1の位）で縦に揃える（数符の位置で縦には揃えない）

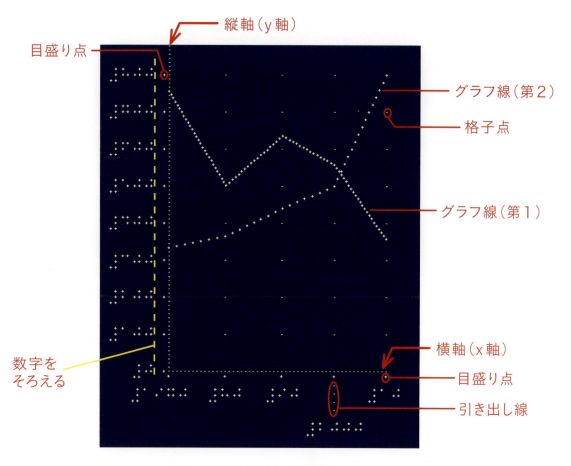

図1：点図グラフを構成する各要素

2. 方眼を凸線で表現するのはやめましょう。「格子点方眼」がおすすめです。

　点図化されたグラフの読みやすさ／読みづらさを左右する決定的なポイントが方眼の描き方にあります。「墨字原図の方眼が縦横の線の直交だから、点図グラフでも「原図通り、方眼を凸線の縦横の直交で表現してみました」というのは最もやってはいけないことです。なぜなら、軸線も凸線、方眼も凸線、そして数値を読み取らなければならない大切なグラフ線も凸線というグラフ面ができあがってしまうからです。グラフ面全体に広がった凸線方眼の中に、肝心のグラフ線が触覚的に埋もれてしまいます。では、方眼はどのように描けばよいのでしょう。

グラフ点訳のための頭の整理

次の２つの点図グラフを見てください。

図 2-A と図 2-B は、下の原図、図２：y=x^2 の関数グラフを点図化したものです。

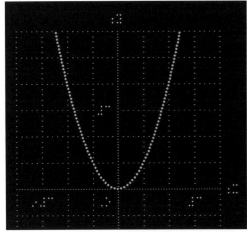

図 2-A：凸線方眼の点図グラフ　　　　　図 2-B：格子点方眼の点図グラフ

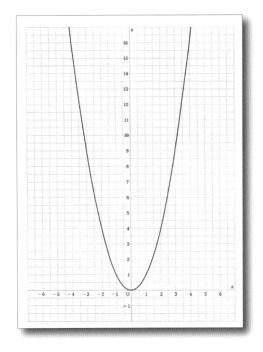

原図
図２：y=x^2 のグラフ
（中学３年数学の教材　p90
日本文教出版株式会社　平成 23 年 2 月 24 日検定済）

方眼の表現の違いに着目してください。

左の点図グラフ（図 2-A）は凸線方眼にしてみました。グラフ面が凸線だらけになります。そこで、せめて線種が同一のものとならないよう、グラフ線が「点サイズ中の実線」に対して、方眼はこれと異なる「点サイズ小、点間隔 10」の点線にするという工夫がされています。

右の点図グラフ（図2-B）は方眼の凸線表現を避けて、方眼上の各格子点のみに「点サイズ小」の点を打ったものです。これを「格子点方眼」といいます。
　実際に点字使用者の30名ほどに被験者になっていただき、両方のグラフで読みやすさに関する実験をさせていただいたことがあります。その結果は明らかに格子点方眼のほうが読み取りスピードにおいて優位であることがわかりました。

3．グラフの点訳で考慮すべき合理的配慮

　見える人にとってのグラフ化は、数量関係を一目で把握するのにとても有用な手段のようです。でも、点字使用者にとっては、数量関係は数値がそのまま点字で読める表のほうが便利だと感じることも多いのです。どうしてもグラフのような図は読み取りに時間がかかってしまいます。でも、グラフでしか伝えきれない情報も世の中にはたくさんあることも事実でしょう。
　そこで、どうしても表にはならないようなグラフを点訳する場合には、触読者の読み取りやすさを考慮するような配慮を点訳者が行うことも必要となります。特に、試験問題などの点訳では大切です。問われている数値をグラフ線の動きから指で読み取って解答するには、同じ問題を見える受験者がするのとは比較にならないほど時間がかかるからです。
　では、どのような配慮をおこなえばよいのでしょうか。一例をあげてみます。グラフのある高校現代社会の問題です。（平成17年度大学入試センター試験より改変）

問題：グラフ（図3）は、1950年～2000年の日本の民事および刑事について第一審裁判所が新たに受け付けた事件数（新受件数）の推移を10年ごとに示したものである。これによると、1990年から2000年にかけての民事新受件数の増加分は、刑事新受件数の減少分を2倍以上上回っているといえるか。

　さて、この問題に正答するにはどうしてもグラフ線を触って、かつ、該当箇所の目盛りに着目しなければなりません。図3の原図をみると、このグラフには方眼はありません。視覚的に読み取る場合は、おおよその数値

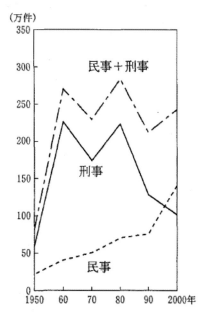

図3：民事および刑事第一審の新受件数の推移

は把握できるでしょう。しかし触覚的にはどうでしょうか。問われているのは1990年と2000年の間のグラフ線のおよその数値またはその傾きです。このままグラフを点図化したのでは、次のような手や指の動きのロスが予想されます。

①方眼がないため、横軸にある1990年と2000年の目盛り点から真っ直ぐグラフ線まで指を上げていく動作に不安定さが出る。

②問われているグラフ線の位置と左の縦軸との距離が長いため、おおよその縦軸の数値の読み取りが不安定となる。

③①と②の動作を慎重にするだけで(読み取り動作を繰り返すなど)、大幅に時間がかかってしまう。

そこで、このような問題点を含むグラフの点図化にあたっては、触読者の指の動作の不安定さをできるだけ取り除く配慮が必要となります。図3-Aを見てください。

点図化にあたっての配慮は次の2点です。
・問われている1990年・2000年の位置の目盛りに指が安定して誘導されるように、縦軸・横軸とグラフ線の間にガイドラインを引いた(点サイズは小、点間隔は10)。
・およその数値読み取りが必要、かつ、問われている1990年・2000年が左の縦軸からも遠いため、右側にも縦軸を配置した。

この場合、格子点方眼を付けるという配慮も考えられますが、時間の限られた試験では、問われている箇所に素早く指が安定して動いていくようなガイドラインを付けるこの方法が望ましいと考えました。この配慮は決して正答を教えるものではない点にも注目してください。これは、目で把握するスピードにはとうてい追いつかない指での把握、その時間的不利を補うためのまさに合理的な配慮となっているのです。

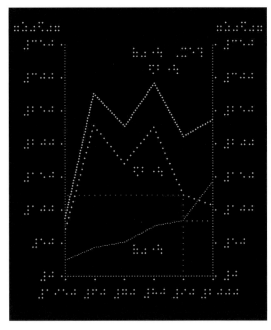

図3-A：読み取りに配慮した点図グラフ

応用・活用編

第8章

断面図に変換して描く実験図

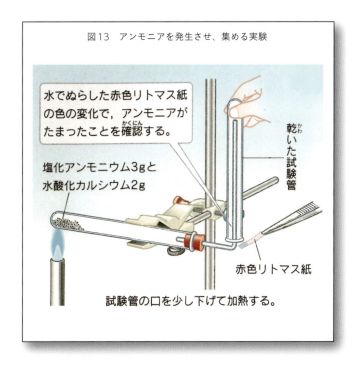

【原図出典】啓林館「未来にひろがるサイエンス　1分野　上」（平成17年2月10日検定済）p 54

実験図を描く

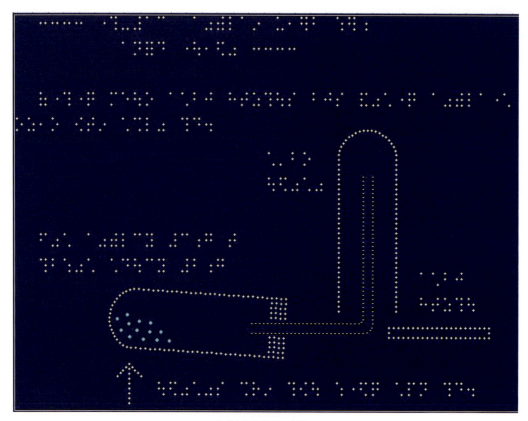

完成した実験図の点図

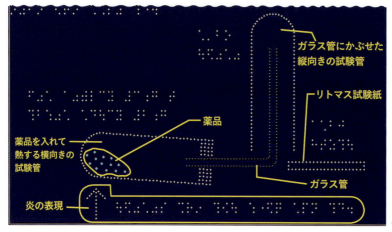

点図の解説

第8章 実験図

【点図化にむけて】
　原図は試験管などの実験機器が斜めから描かれたものです。よって、試験管の口やゴム栓などは楕円形のように見えています。しかし点図化にあたっては、「斜めの表現」は避けます。そこで、原図を「真横からみた図」に整形しなおして描くこととします。立体図形とは異なり、この実験図は「上から見た図」は必要ないので「真横から見た図」1枚で内容を伝えることとします。
　その際、注意することは、試験管やガラス管など容器類の描き方です。真横から見た図の中で、これらは断面図として表現します（第1章参照）。
　また、可能な限り余計なものは描かないことも大切なポイントです。「アンモニアの集め方」には直接関わらない図形は省略します。今回は、スタンド類は描きません。ガスバーナーも形を描くのではなく、矢印の図と文字列で、熱する位置と「加熱する」ことを伝えるようにします。

1 文字を書く

❶ 用紙を横向きにする
［横位置］を選択
この実験図は用紙を横置きにしてから作図を始めます。

❷ タイトルと、上部に配置する説明文を書く
［点字の書き込み］→［片面タイプ定位置］を選択
この実験図のように、1枚の図に多くの文字を書き込まなくてはならない場合には、行間の狭い［片面タイプ定位置］を選びます。1行目からタイトルを書き、その次の行を1行空けます。次行の行頭3マス目から「水でぬらした赤色リトマス紙の色の変化で、アンモニアがたまったことを確認する。」という説明文を書きます。

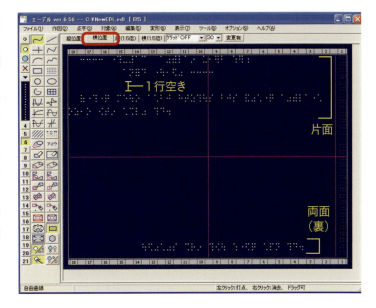

91

❸下部に配置する説明文を書く

[点字の書き込み] → [両面(裏)タイプ定位置] を選択

下部の説明文である「試験管の口を少し下げて加熱する。」は、図の最下部に配置します。[片面タイプ定位置]の状態のままで、最下行の位置にこの点字文を書くと図との行間が広くなりすぎます。また下から2行目では図に近づきすぎます。もちろん、最下行にいったん書いておいてから、最後に平行移動で適切な位置に動かす方法もあります。ここでは、応用編として、適切な定位置に点字文がくる点字の書き込み方法として「両面(裏)タイプ」を用いてみました。[点字の書き込み]を[両面(裏)タイプ定位置]に変え、13行13マス目から書きます。

このように点字文を図の下に配置する場合、どのタイプで書き込めば最適な位置の行の高さとなるのかを判断するために、「両面(表)タイプ」・「両面(裏)タイプ」・「片面タイプ」の3タイプで点字位置のガイドとなる定規を試験的に画面に表示してみるのも一つの方法です。

ADVICE

　図に書き込む点字文の行間を「片面タイプ」とするのか「両面(表)タイプ」とするのかの決定は、その図を挿入する点字本が片面印刷なのか、両面印刷なのかに従います。本書の図例は両面印刷で製本される教科書点訳を想定していますので「両面(表)タイプ」を行間の基本としています。

　また、「両面タイプ」には(表)と(裏)の2種があります。これらの違いですが、行間隔はいずれも25ドットで同じですが、点字を入力するときのガイドの定規が現れる位置(高さ)が異なります。点字文をページのはじめに書いてからその下に図を配置する場合は、「両面(表)タイプ」でまず点字文を書いてみて、そこから下に図の配置領域を設けるのが基本となります。

　以上が原則ですが、図によっては、図面に書き入れたい点字文の行数が多い場合は、行間の狭い(17ドット)「片面タイプ」を敢えて選択することで、図領域を大きく確保せざるを得ないこともあります。また、本章のように、点字文を図領域の下に入れたい場合は、図の最下部とその下にくる点字文との行幅が適切に確保されなければなりません。この図の大きさの場合、図とその下の点字文との行間隔は25ドット程度(両面印刷時の行間)が適切と考えます。そこで本章では、この適切な行間の確保のためにあえて「両面(裏)タイプ」の定位置を選択しています。

2 実験装置を描く

❶炎を表す矢印の軸を描く

［縦線・横線］→［点サイズ中］→［6］
を選択

炎は、原図のままの形（絵画的な表現）
では描きません。縦向きの上矢印で表現
します。この矢印の横に「加熱する」な
どの文字を配置することで、炎が燃えて
いるという表現となります。ここでは、
矢印の軸の始点に〈473，540〉を指
定し、長さ48ドットとします。

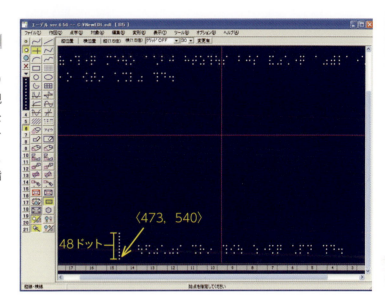

❷炎を表す矢印の先端部分を描く

［斜線］→［点サイズ中］→［5］を
選択

矢印の先端に位置する鏃（やじり）は、左右とも
45度の角度で開く斜線となります。鏃（やじり）
は軸の上端を始点に指定し、まず左下に
4個分伸ばします。4個目が現れ、ス
テータスバーの表示が〈横15×縦15〉
となる位置を終点に指定します。次に、
反対側にも鏃（やじり）の線を描きます。先ほどの
始点を今回も始点に指定します[★1]。左
下と同じ要領で終点を指定します。

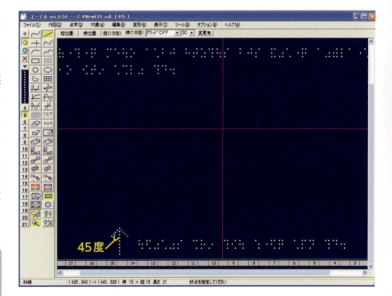

> **覚えておくと便利！ ★1**
>
> ［Ctrl］キーを押すと、直前に引いた
> 線の始点を再度始点に指定すること
> ができます。

実験図を描く

❸ガラス管を描く

[縦線・横線] → [点サイズ小] → [5] を選択

直角に曲がっているガラス管を描きます。ガラス管は2本の平行線（間隔は12ドット）で表します。縦向き平行線の左側の始点は〈195，246〉です。長さ180ドット下に伸ばした位置を終点に指定し、続けて左横に伸ばします。先ほどの終点を始点として指定し★2、長さ140ドットの位置を終点に指定します。

次に、平行線のもう一方を描きます。縦向きの始点は〈195，234〉です。長さ180ドット下に伸ばした位置を終点に指定します。横向きの始点は、先に描いたガラス管の左端から12ドット下の位置〈387，386〉です。長さ140ドット右に伸ばした位置を終点に指定します。

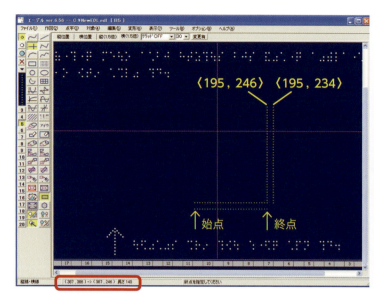

↑横向きの　　↑横向きの
　始点　　　　　終点
〈387，386〉　〈387，246〉

> 覚えておくと便利！　★2
>
> [Shift] キーを押すと、直前に引いた線の終点を始点として指定することができます。

❹ガラス管左側の直角部分を丸める

[自由曲線] → [点サイズ小] を選択

ガラス管の曲がりの直角になっている部分に丸みを付けます。直角の角1点（小点）を右クリックで消去します。できた空白部で角が丸くなる位置に1点（小点）を打ち直します。

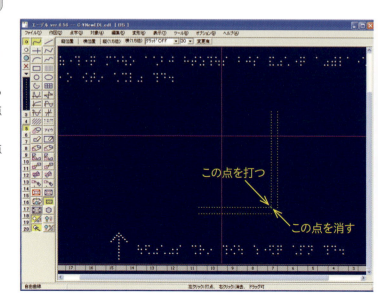

❺ガラス管右側の直角部分を丸くつなぐ

［弓線］→［点サイズ小］→［4］を選択
ガラス管の縦線・横線の切れている部分に、丸みを付けてつなぎます。縦線・横線のそれぞれ切れている位置を始点と終点に指定し、弓の幅（曲がり）3を指定します。

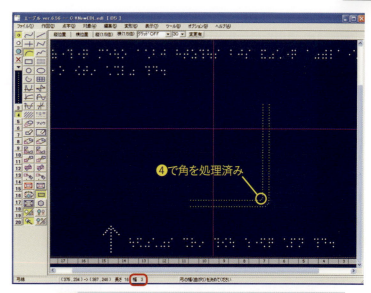

❻縦向きの試験管の側面を描く

［縦線・横線］→［点サイズ中］→［6］を選択
縦向きの試験管の断面図を描きます。ガラス管から30ドット離し、側面を描きます。左側面の始点に〈360,276〉を指定し、長さ192ドット上に伸ばした位置を終点にします。
同じように、右側面を描きます。始点は〈360,204〉を指定し、長さ192ドット上に伸ばした位置を終点に指定します。

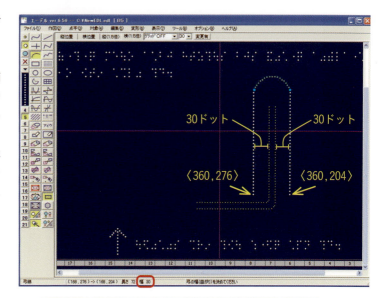

❼縦向きの試験管の底部の丸みを描く

［弓線］→［点サイズ中］→［5］を選択
試験管の底部に丸みを付けます。平行線の上端をそれぞれ始点と終点に指定し、弓の幅（曲がり）30を指定します。

実験図を描く

❽横向きの試験管を複写して描くため、目印を付ける

［自由曲線］→［補点］を選択

縦向きの試験管を用いて複写して、横向きの試験管を描きます。

縦向きの試験管のコピー先（左に移動する位置）に、補点1個の目印を付けます。この補点〈388，568〉の位置が、縦向きの試験管の左下となります。

❾縦向き試験管を複写して、補点の位置に移動する

［平行複写］→［長方形領域を対象に指定］→［点サイズ中］→［対象点種を指定点種のみに限定］を選択

縦向きの試験管を囲むように頂点と対角を指定します。コピー先は、❽で付けた補点に、試験管の左下が重なるように指定します。右クリックで終了します。

❿複写した縦向き試験管を回転させ、横向きの試験管を完成する

［その場で回転移動］→［長方形領域を対象に指定］→［点サイズ中］→［対象点種を指定点種のみに限定］を選択

試験管の口が、右側の少し下の位置にくるように回転させます。試験管を囲むように頂点と対角を指定し、試験管の口が少し下がる角度〈273.5°〉まで回転させてクリックします。

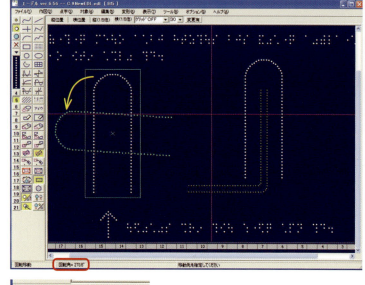

⓫横向きの試験管にゴム栓を描く

［斜線］→［点サイズ中］→［6］を選択
横向きの試験管にゴム栓を描きます。
ここでは、ゴム栓は密着した4重線で表します。傾きが小さいので、今回は点間隔を6ドットで描くことにします。ゴム栓は、試験管の先端部上下の4点をそれぞれ始点と終点に指定し、試験管の口を閉じるように引きます。

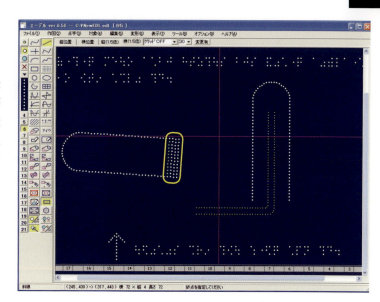

⓬横向きの試験管にガラス管が差し込まれる位置に移動する

［平行移動］→［長方形領域を対象に指定］→［点サイズ中］→［対象点種を指定点種のみに限定］を選択
試験管を囲むように頂点と対角を指定します。移動先は位置関係として、ガラス管がゴム栓を突き抜けて試験管の中央に入り、矢印（炎）が試験管の底部にくる位置になるように指定します。横向き試験管の下の口をここでは〈417，346〉の位置としています。※1

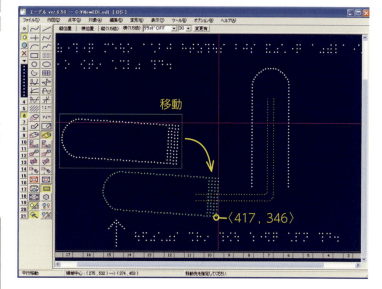

POINT☞ ※1

横向き試験管の下の口を、座標〈417，346〉の位置にあわせるには、あらかじめ目印となる補点をこの〈417，346〉に付けておくとよいでしょう。

実験図を描く

❸ガラス管に重なるゴム栓の部分を処理する

［自由曲線］→［点サイズ中］を選択
断面図として、ガラス管が通って見えるように処理します。
ゴム栓の「中点」を右クリックで消去します。ガラス管の上下には、ゴム栓の中点が4個ずつ残っているはずです。ガラス管が消えていたら線を描き直します。

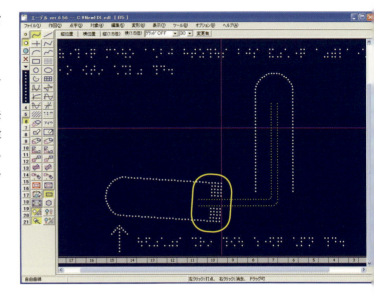

❹リトマス紙を描く

［長方形］→［中点］→［6］を選択
縦向きの試験管の口のすぐ下にリトマス紙を描きます。リトマス紙は長方形で表します。頂点に〈380, 213〉を指定し、対角に〈392, 87〉を指定します。リトマス紙の大きさは、横12×縦126です。

❺横向きの試験管の中に薬品を描く

［自由曲線］→［点サイズ大］→［7］を選択
薬品が入っている様子を、ここでは大の点で表します。横向き試験管の底部に、薬品の粒がばらばらとあるように、点どうしが重ならないように1点1点描きます。※2

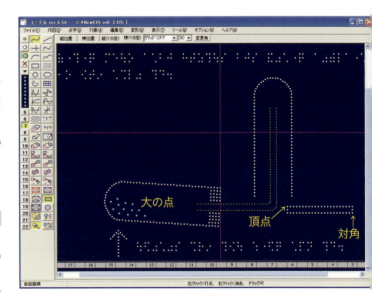

> **POINT ☞ ※2**
> 薬品のばらつかせ方に決まりはありませんが、試験管の底の線との間隔や各粒子間の間隔などは10ドット前後で描いてみてください。

第 8 章 実験図

ADVICE

1. 実験装置のスタンドは描きません。
2. このような図では、実験装置の大きさや位置を、繰り返し修正しながら描くのが通常です。
3. 描くものによって直線の長さを倍数でとると、等間隔のきれいな線が描けます。
4. ［その場で回転移動］すると線にゆがみができます。ゆがみが目立つ場合は、線を引き直すか、［自由曲線］を使って修正します。

---

3 文字を書く

❶ 実験装置の名称を書く

［点字の書き込み］→［任意の位置］を選択

空いているところに、残りの文字「塩化アンモニウム3gと水酸化カルシウム2g」「乾いた試験管」「赤色リトマス紙」を書きます。書き出し位置を揃えてそれぞれ2行で書きます。

❷ 文字を配置する

［平行移動］→［長方形領域を対象に指定］→［点サイズ中］→［対象点種を指定点種のみに限定］を選択

それぞれの文字を見本図を参考に適切な位置に配置します。全体を囲むように頂点と対角を指定し、図から16〜24ドット（ここでは22ドット）の範囲で離した位置を指定し配置します。

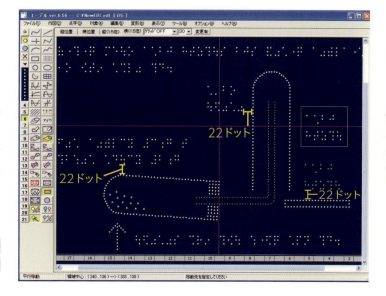

応用・活用編

第9章

下絵をなぞって作図する地図

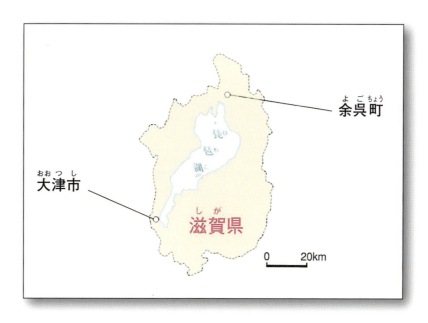

【原図出典】帝国書院「社会科　中学生の地理　世界の中の日本」（平成17年3月30日検定済）p 59

下絵をなぞって地図を描く

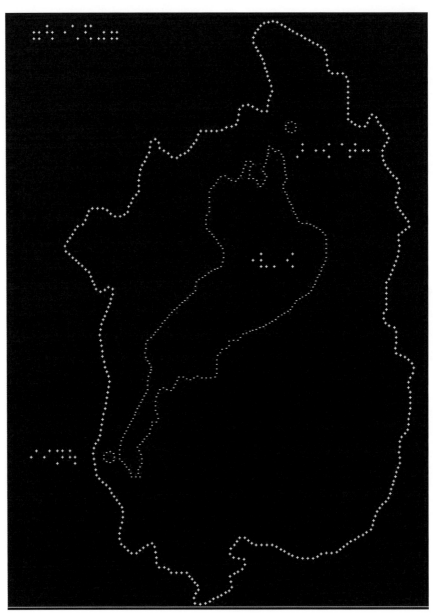

完成した地図の点図

【点図化にむけて】

原図のような地図を目視しながらフリーハンドで描くのは、マウスの細かい操作も難しく、なかなかうまくできません。そこで、原図をスキャナなどでいったん画像ファイルに保存しトレースすると比較的容易に描くことができます。画像ファイルの保存形式は、JPEG（JPG）またはBMPとします。エーデルでは下絵機能を利用して、スキャニングした画像ファイルを画面上に呼び出すことができます。描きたい領域をエーデルの作図画面にうまくあわせて読み込めば、マウスで地図の輪郭をなぞり、地図の点図化がかなり楽な作業となります。

1 画像の準備

●原図をスキャナで取り込む

取り込んだ画像をファイルとして保存します。保存形式は、拡張子jpg（jpeg）、もしくはbmpとします。

> **ADVICE**
>
> 下絵画像をスキャナで取るときは、解像度を上げて取り込まないようにします。解像度の高い重い画像ファイルより、解像度の低い軽い画像ファイルのほうが、パソコンやソフトウェアの機動性の点からもその後の扱いが容易だからです。

2 文字を書く

●仮の位置に文字を書いておく

［点字の書き込み］→［両面（表）タイプ定位置］を選択

ここでは、2行3マス目から「シガケン」、3行目行頭から「オオツシ」「ヨゴチョー」「ビワコ」と点字を仮に書いておきます。

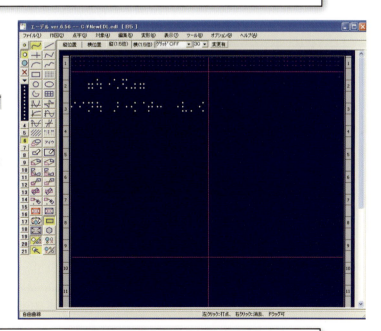

> **ADVICE**
>
> 点図内に点字を書き入れる必要があるときは、先に点字を書いておくか、あるいは、図を貼り付けられる範囲を「補点」で描いておくのもよい方法です。p66のコラム 補点の役割と使い方を参照してください。

下絵をなぞって地図を描く

3 画像を読み込む

❶下絵に用いる画像を表示する

メニューの［表示］→［下絵（画像）］→［開始］を選択
［下絵画像の読み込み］のウインドウが開きます。メニューの［開く］をクリックすると、［画像ファイルのオープン］画面が現れます。ここで、画像ファイルを保存しておいた場所から開くと、画像・ファイル名・ピクセル値（横×縦）が表示されます。
（ピクセルとドットは、ほぼ同じ意味で使われています）

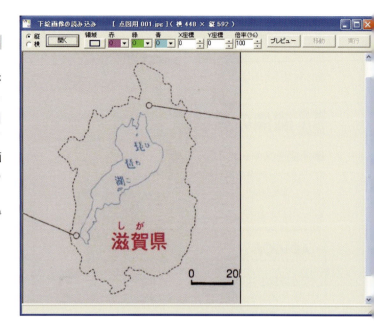

❷下絵に必要な部分を決める

［領域］をクリックし、下絵に使う画像の領域部分を囲んで指定します。領域指定後のピクセル値の表示はありません。［プレビュー］をクリックすると、プレビュー画面が表示されます。領域部分を囲み直して、繰り返し領域の調整をします。

❸読み込まれた下絵の位置を調整する

下絵用画像の左上角をクリックして、プレビュー画面上での貼り付ける位置を指定します。点図内に、ページ行と配置が必要な文字列の領域がある場合は、それらの部分を避けて位置を指定します。繰り返し左上角をクリックして、最適な位置を調整します。後で拡大・縮小することも考えて位置を決めます。

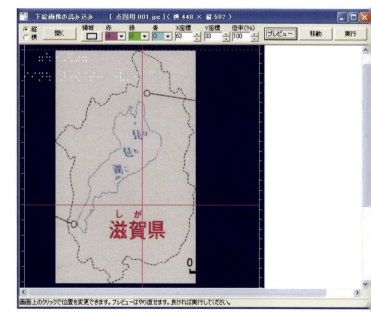

❹ 点図に適した大きさに拡大・縮小する

画像の大きさは、倍率30〜200％（10％間隔で変化）の範囲で変更できます[※1]。倍率の数を指定し、[プレビュー] をクリックすると、下絵にふさわしい大きさになっているかを確認できます。この作業を繰り返し、必要な大きさになるまで倍率を調整します。下絵の位置を再調整する必要もあります。

ここでは、見本の図を参考にして作図領域いっぱいの図にしてください。あまり地図が小さいと、図の中に書き入れる地名などの文字列が入らなくなります。

> **POINT** ☞ ※1
> 倍率指定は、数値をクリックし削除した後、キーボードから数字を打ち込む方法でも変更できます。

❺ 点が見えやすいように下絵の色を変える

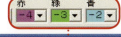

下絵の色は、「赤」「緑」「青」それぞれの色の濃淡を [＋5〜－5] までの間で変更できます。数値を「＋」にすると明るくなり、「－」にすると暗くなります。背景と同系の色にすると、この後、描く点が見やすくなります。数値を変更し [プレビュー] をクリックし、これを繰り返して色を調整します。色の調整具合は、本図の設定値を参考にしてください。

❻ 下絵を実際の作図領域に貼り付ける

プレビュー画面を見て、変更の必要がなければ [実行] をクリックします。これで、作図画面に戻ります。

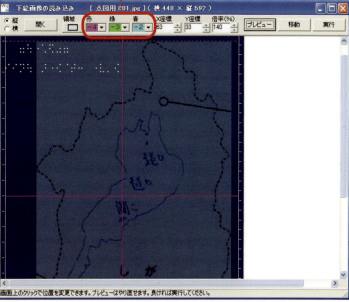

下絵をなぞって地図を描く

ADVICE

下絵を貼り付ける位置の変更は、プレビュー画面内で［x軸・y軸］の数値を指定し、［移動］をクリックすることでもできます。

4 地図を描く

❶県境線を引く

［折れ線］→［点サイズ中］→［5］もしくは［6］を選択
県境の線を引きます。
県境が水平または垂直に近い部分は、点間隔6ドットの線種とします。
県境の線が斜めになっている部分は、点間隔5ドットとします。［折れ線］は、曲げたい角部分でクリックを繰り返して線を引き続け[※2]、右クリックで終了します。
［Ins］キーを押すことで、下絵の［表示／非表示］が切り換えられます。

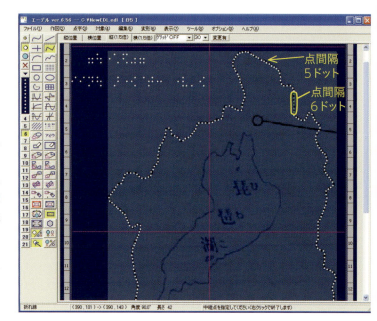

POINT☞ ※2

［折れ線］機能で連続して線を引いていくとき、点間隔を5から6に変更したり、6から5に戻したりします。そのとき、画面に緑色でマウスの軌跡が残ることがあります。こんなときは、［F3］キーを押してください。軌跡の線が消えます。

ADVICE

ここでは、県境の線を中点、琵琶湖の沿岸線を小点で周囲を描きましたが、地図の内容により、どの線を中点にするか、小点にするかは変わってきます。地図を描き始める前に、どの線に大・中・小などどの点のサイズを割り振るか決めておくようにしましょう。

❷異常接近点を探す

メニューの［変形］→［異常接近点の検出］→［標準的なレベル］を選択

県境線において、隣り合う点同士が近すぎないかどうかを検出します。

異常接近している点は、赤い円で表示されます。赤い円が見つかれば、その箇所を修正します。赤い円の［表示／非表示］は［F4］キーで切り換えられます。この操作は、この後に描く琵琶湖や地点マークを描き終えたときも、その都度おこないます。

❸琵琶湖の沿岸線を引く

［折れ線］→［点サイズ小］→［4］もしくは［5］を選択

琵琶湖の周りの線を県境の線を描くのと同じ要領で描きます。沿岸線が水平または垂直に近い部分は、点間隔5ドットの線種とし、沿岸線が斜めになっている部分は、点間隔4ドットとします。

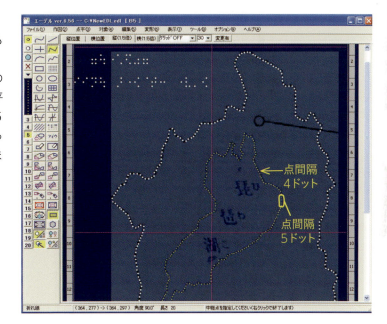

ADVICE

斜め部分の傾きによって点の間隔は一定ではありません。仕上がった県境の線や琵琶湖の沿岸線には、隣同士が異常に近すぎる点や、少し離れすぎている点ができてしまいます。これらは、後から適切な間隔になるように点を打ち直します。

下絵をなぞって地図を描く

❹都市に地点マークを付ける

［円］→［点サイズ小］→［4］を選択
市町村の名前などを地図内に書くときは、その都市の位置に地点マークを付けます。
半径6ドットの円を大津市、余呉町の位置にそれぞれ描きます。これが地点マークとなります。

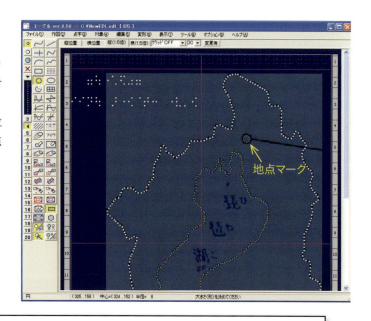

ADVICE

地点マークのように、小さな円を描くとき、半径のドット数を決定するには、キーボードの［上下左右矢印］キーを用いると便利です。細かなドット数を指定したいとき、1ドットずつ打鍵した矢印キーの方向に動きますので、マウスで数値を決定するよりもキーボードのほうが素早くできることもあります。

5 画像の消去

●下絵を消去する

メニューの［表示］→［下絵（画像）］→［終了］を選択
この操作で、下絵用画像の利用は終了します。

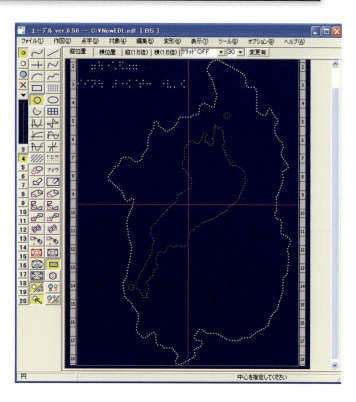

ADVICE

もし、次回も続けて同じ下絵を利用した作図作業を行うときには、この操作は行わずに、そのままエーデルを終了します。すると、次回エーデルを起動したとき、自動的に下絵が読み込まれた状態で立ち上がります。

6 文字の移動

●書いておいた文字を配置する

［平行移動］→［長方形領域を対象に指定］→［点サイズ中］→［対象点種を指定点種のみに限定］を選択

それぞれの点字を適切な位置に配置します。

(1)「ビワコ」の点字を囲むように頂点と対角を指定し、地図の琵琶湖内の中央に移動します。

(2)「オオツシ」と「ヨゴチョー」の点字は、それぞれ囲むように頂点と対角を指定します。移動先は、各地点マークから16〜24ドット離した位置です。

(3)「オオツシ」の点字を入れるスペースがありませんので、地点マーク近くの県境線から16〜24ドット（ここでは22ドット）離した位置を指定します。

(4)「ヨゴチョー」は地点マーク、琵琶湖の沿岸線、県境線からそれぞれ16〜24ドット（ここでは16ドット）離した位置を指定します。

(5)「（シガケン）」の点字は、そのままです。

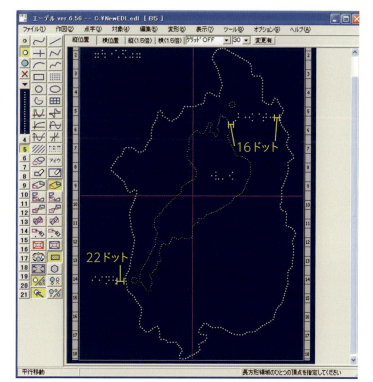

ADVICE

1. ここでは、地点マークに小円（半径6ドット）を使い、地名・境界線などとの典型的な位置関係をわかりやすくするために、画面いっぱいの地図として仕上げました。簡単な地図では、地点マークに点サイズ「大」の点1個を使う場合もあります。

2. 原図にある引き出し線は、点図ではできるだけ描かずに済む表現に変更します。湖内の島、縮尺スケールはここでは省略しています。

応用・活用編

第10章

視点を変えて本質のみを伝える領土・領海・領空図

【原図出典】 日本文教出版　中学社会「公民的分野」（平成23年3月30日検定済み）p182

俯瞰図から断面図に 〜領土・領海・領空図を描く

完成した領土・領海・領空の点図

【点図化にむけて】

点図では、原図のように斜め上空から見た図は、原則的に描きません。ここでは、斜め上から見た俯瞰図を、領土の断面図を基本とした立面図に置換します。その際に、原図が伝えたい情報の本質をしっかり表せる図に置換することが求められます。「どこを領空と呼ぶのか」「どの範囲が領海（12海里）」「どの範囲が排他的経済水域なのか」、「200海里とはどこからどこまでを指すのか」、これらのことが読み手に伝わる図にします。領土の形も原図にとらわれる必要はありません。ここでは、あえて抽象的な長方形で表してみました。

基準となる線を「基線(きせん)」と表し、長方形の領土をこの基準線上に描き、基線より上の部分を大気圏、基線より下の部分を海の領域とします。海の部分には、領土の左右に12海里の幅の「領海区域を作ります（「12海里の領海」は2箇所となります）。領土の右側では、「領海」区域のさらに外側に「排他的経済水域」および「公海」の区域も作ります。領空については図の説明文内に「一般には大気圏内」と書かれていますので、原図にある領空の高度を示す縦向きの矢印は省略しています。

このように、大きく点図化への変形を加える場合、図の内容を読み取りやすくするために、原図にはない文字を補足したり描かなくてもわかる部分を省略したりすることもあります。

１ 文字を書く

❶用紙を横向きにする

［横位置］を選択

この図は用紙を横置きにしてから作図を始めます。

> 注意 ☞
> 紙位置が「横置き」になっても縦置きと同じように、〈横座標，縦座標〉の順に表示されますので、注意してください。

❷タイトルと図内に配置する文字を書く

［点字の書き込み］→［両面（表）タイプ定位置］を選択

1行目からタイトル「（5）領土・領海・領空」を書き、その次の行を1行空けます。配置する文字を仮の位置に書きます。3行目の行頭から「大気圏内」「公海」「12海里」「200海里」「(基線)」と仮に書いておきます。

❸図内に配置する文字を書く

［点字の書き込み］→［片面タイプ定位置］を選択

図内に入れる文字のうち、「排他的経済水域」は文字列が長いため、書き出し位置をそろえ、行末側に2行で書きます。ここでは、5行目に「排他的」、6行目に「経済水域」としています。

俯瞰図から断面図に ～領土・領海・領空図を描く

2 図の大きさの割り出し

●図内に配置する文字から大きさを決める

タイトルと、先ほど仮に配置した文字から点字の幅（ドット数）を調べます。

(1)「領海」と「12海里」は同じ頭出し位置に2行で配置しますので、幅の広い「12海里」が領海を示す基準の幅となります。

(2)「排他的経済水域」は、「排他的」で改行して次の行に「経済水域」と、2行に書きます。文字数が多く幅が長くなるほうの「経済水域」の部分の基準の幅となります。

(3)「領土」という文字列は60ドット、「12海里」という文字列は81ドット、「経済水域」の文字列は141ドット、「公海」の文字列は45ドットになります。これらの文字列が横一列に並ぶ図となります。

ただし、文字列の幅のドット数に加えて、文字列同士を等間隔に離して配置するための余白が必要です。右端を除き、左右に22ドット分の余白を入れます。

〔（領土60＋44）＋｛（12海里81＋44）×2｝＋（経済水域141＋44）＋（公海45＋22）＝606〕
という計算になります。

描ける範囲は〈縦683〉からページ行を除き、約650ドットです。「領土」108ドットとしても少し余裕がありますから基線はそれぞれの必要範囲よりも両端ともに少しずつ「余裕部分」を付け加えることにします。

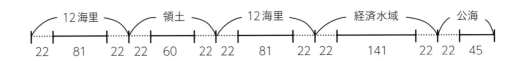

3 基線を描く

❶領海と左端部分の基線を描く

［縦線・横線］→［点サイズ小］→
［5］を選択

まず、領土から左方向に、領海部分とその先の「余裕部分」をいずれも小の実線にて引きます。領海の幅に、左端に伸ばす「余裕部分（20ドット）」の線をあわせた145ドット〔125+20＝145〕を描きます。ここでは座標〈280，680〉を始点に指定し、長さ145ドット右の位置を終点に指定します。

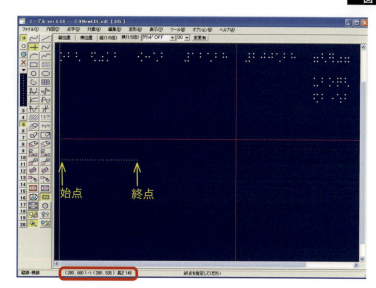

縦線・横線　（280，680）->（280，535）長さ145

❷領土の範囲の基線を描く

［縦線・横線］→［点サイズ中］→［6］
→［全点種対象］または［対象点種から指定点種を除外］を選択

領土の部分のみは中点とします。小の点で描く海水面と違う線種となります。
❶で描いた領海の終点の続きに描きます。座標〈280，535〉を始点に指定し、長さ108ドット右の位置を終点に指定します。

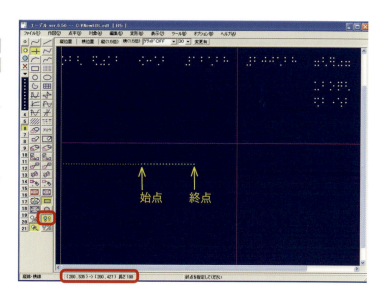

縦線・横線　（280，535）->（280，427）長さ108

俯瞰図から断面図に ～領土・領海・領空図を描く

❸「領土」の右側の「領海」、「排他的経済水域」、「公海」と右端の余裕部分の基線をそれぞれ描く

[縦線・横線] → [点サイズ小] → [5] → [全点種対象] または [対象点種から指定点種を除外] を選択

「領海」「排他的経済水域」「公海」、右端の余裕部分の基線を小の実線にて領土の右側に描きます。

❷で描いた「領土」の終点の続きに描きます。「公海」の区域までの必要ドット数は〔領海125＋排他的経済水域185＋公海67＝377〕です。これに、右端余裕部分を含めて、ここでは、切りのよい395ドットを領土から右側に伸ばす基線の長さとします。よって、座標〈280,427〉を始点に指定し、長さ395ドット右の位置が終点となります。

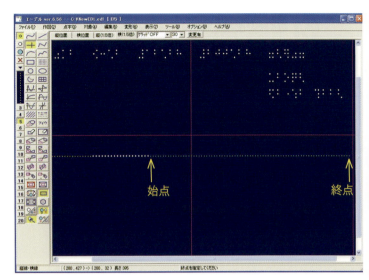

4 領土を描く

●領土を描く

[長方形] → [点サイズ中] → [6] → [対象点種を指定点種のみに限定] を選択

領土は、中点の実線による長方形で表します。その枠の中に「領土」という文字列を入れます。

横の長さは領土の幅〈縦108〉、縦の長さは基線から22ドット・文字列の高さ14ドット・文字の上も22ドット、これらの合計が〈横58〉になります。基線の座標〈280,535〉を頂点に指定し、ステータスバーを見て〈横58×縦108〉の位置を対角に指定します。

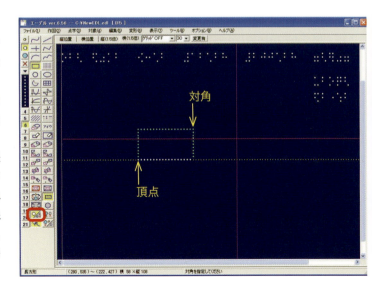

5 各区域を区切る線を引く

❶左側の「領海」「12海里」およびその上の「領空」の左側に区切り線を引く

［縦線・横線］→［点サイズ小］→［10］を選択

❷❶で求めた各区域幅のドット数を使って、基線から上方向または下方向に小の点線を描くことで、図をそれぞれの区域に区切ります。

左側の「領海（12海里）」は基線から下方向へ、また、「領空」は上方向へ区切り線を小の点線で引きます。ここでは座標〈280，660〉を始点に指定し、長さ90ドット下の位置を終点に指定した線が「領海（12海里）」の左端の区切り線となり、同じ座標を始点に指定し、長さ170ドット上の位置を終点に指定した線が「領空」の左端の区切り線となります★1。

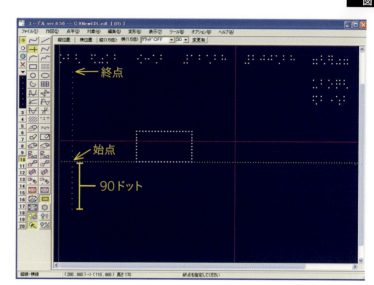

> **覚えておくと便利！ ★1**
> ［Ctrl］キーを押すと、直前に引いた線の始点を再度始点に指定することができます。

❷「領海」と「領土」の左側の間およびその上空の区切り線を引く

［縦線・横線］→［点サイズ小］→［10］→［全点種対象］または［対象点種から指定点種を除外］を選択

「領海」と「領土」左側の区切り線は、座標〈280，535〉を始点に指定し、長さ90ドット下の位置を終点に指定します。また、領土の上空の左側の区切り線は、長方形の左上角の座標〈222，535〉を始点に指定し、長さ30ドット上の位置を終点にします※1。

俯瞰図から断面図に ～領土・領海・領空図を描く

> **POINT☞ ※1**
> これ以降の作業では、「領土」を表す長方形の角がいったん小の点になります。❻で、長方形の角はまとめて中の点に点種変更することとします。

❸「領土」の右側ともう1つの「領海」（領土の右側）との間およびその上空の区切り線を引く

[縦線・横線] → [点サイズ小] → [10] → [全点種対象] または [対象点種から指定点種を除外] を選択

領土の右端の座標〈280, 427〉を始点に指定し、長さ170ドット下の位置を終点とし、領土右側と「領海」（領土の右側の領海）との間の区切り線を引きます。この区切り線は領土と「200海里」との間の区切り線ともなります。また、「領土」を表わす長方形の右上角から上方向へ、長方形の右上角の座標〈222, 427〉を始点に指定した、上向きに30ドットの長さで、領土右上上空に区切り線を引きます。

❹「領海」の右側と「排他的経済水域」との間および「領空」の右側に区切り線を引く

[縦線・横線] → [点サイズ小] → [10] → [対象点種を指定点種のみに限定] を選択

「領空」の右側の区切り線は上方向へ、「領海」の右側（排他的経済水域の開始位置と併用）の区切り線は下向きにそれぞれ引きます。座標〈280, 302〉を始点に指定し、長さ170ドット上の位置を終点に指定して「領空」区域右側の区切り線を引きます。続いて、同じ座標を始点に指定し、長さ90ドット下の位置を終点にした「領海」の右側区域終了線（経済水域開始線）の区切り線を引きます。

❺「排他的経済水域」および「200海里」の終了域を示す区切り線を引く

[縦線・横線] → [点サイズ小] →
[10] → [対象点種を指定点種のみに
限定] を選択

「排他的経済水域」および「200海里」の終了域の区切りは基線から下方向へ線を引きます。座標〈280, 117〉を始点に指定し、長さ170ドット下の位置を終点に指定します。

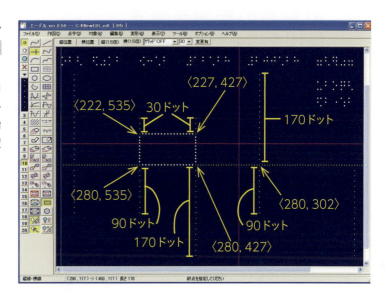

❻「領土」の長方形の角を中点に戻す

[点サイズの変更] → [対象領域を指定
して変更] → [対象点種:小点→変更
後:中点] を選択

領土を示す長方形の角が小点になってしまったところを中点に点種変更します。角を囲むように頂点と対角を指定します。海水面となる基線の小点まで囲まないように注意します。

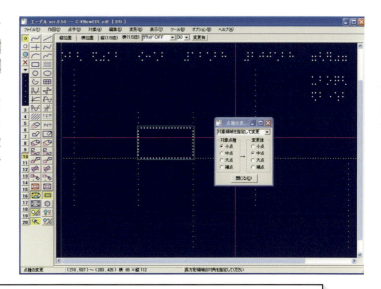

ADVICE

すでに描かれている大きいサイズの点（例えば中点）を始点に指定して、そこから小さいサイズの点（例えば小点）で線を引こうとするとき、始点の位置の中点がただちに小点に変更されない場合があります。この場合は、いったん他の機能に一度切り換えてみると、先の中点箇所は指定通りの小点に変更されていることが確認できます。

俯瞰図から断面図に ～領土・領海・領空図を描く

6 「領空」「200海里」の左右の範囲を表す矢印を描く

❶「領空」および「200海里」の幅を表す矢印の軸を描く

[縦線・横線] → [点サイズ小] → [5] を選択

「領空」および「200海里」のそれぞれの幅の中央に文字を配置します。文字から左右の区切り線に向かう矢印の軸を描きます。軸の長さは、矢印の先と区切り線との間に10ドットの余白を、また矢印の軸と文字列との間隔に22ドットの余白を確保する形で計算します。〔｛区切り線の間の長さ－（10＋22＋点字の幅＋22＋10）｝÷2〕の計算となります。
「領空」という文字列の左右にくる矢印のうち、左側の矢印の軸は、ここでは座標〈150，650〉が始点、長さ117ドット右の位置が終点となります。右側の軸は座標〈150，312〉が始点、長さ117ドット左の位置が終点です。
また、「200海里」の文字列の左右にくる矢印のうち、左側の矢印の軸は区切り線上から10ドット離れた座標〈420，417〉を始点に指定し、長さ75ドット右の位置を終点に指定します。右側の軸は座標〈420，127〉を始点に、長さ75ドット左の位置が終点です。

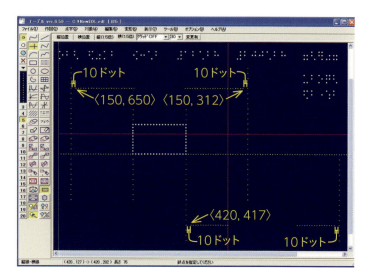

❷「領空」の範囲を表す左右の矢印の先端部分を描く

[斜線] → [点サイズ小] → [4] を選択
軸の先に鏃（やじり）を描きます。左側の軸の座標〈150，650〉を始点に指定し、斜め上に4個目が現れ、ステータスバーの表示が〈横12×縦12〉の位置を終点に指定します。同じように反対側にも描きま

す。右側の鏃(やじり)の線は座標〈150, 312〉
を始点に左側と同じ要領で描きます。

❸「200海里」の範囲を表す左右の
矢印の先端部分を描く

[平行複写]→[点サイズ小]→[長方
形領域を対象に指定]→[対象点種を指
定点種のみに限定]を選択

「領空」の範囲を表す❷で描いた矢印の
先端部分を、「200海里」の矢印の先端
部分の位置に複写します。まず、「領空」
のところで描いた左向き矢印の鏃(やじり)部分を
囲むように頂点と対角を指定し、「200
海里」の範囲で用いる左向き矢印の軸先
の位置に重ねクリックします。複写元と
なる範囲の指定はできるだけ必要最小限
の範囲としてください。右側の鏃(やじり)も同じ
ようにして複写します。右クリックで終
了します。

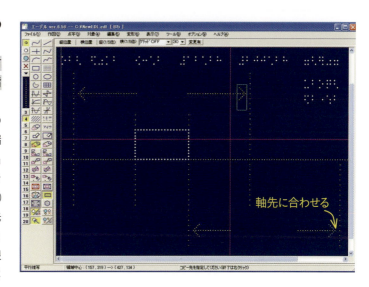

7 図に文字を配置

❶「領土」「領海」「領空」の文字列を
配置する

[平行複写]→[点サイズ中]→[長方
形領域を対象に指定]→[対象点種を
指定点種のみに限定]を選択

図内で用いる文字列のうち、「領土」「領
海」「領空」の3つは、すでに書いてお
いたタイトルの文字列から、それぞれの
位置に複写します。対象文字列を囲むよ
うに頂点と対角を指定します。「領土」
「領海」はそれぞれの区切り線の幅に対
して中央、かつ、基線から下に22ドッ
ト離れた位置です。「領海」は2箇所あ
りますが、まずは領土の左側の領海部分
に複写してください。領空は双方向の矢
印の中央、かつ、文字列の点字の2の点
の高さが軸と同じ高さになるように複写
してください。

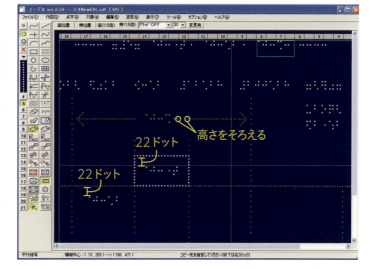

俯瞰図から断面図に　〜領土・領海・領空図を描く

❷「12 海里」「排他的経済水域」「公海」「200 海里」「大気圏内」「（基線）」を配置する

［平行移動］→［点サイズ中］→［長方形領域を対象に指定］→［対象点種を指定点種のみに限定］を選択

7 ❸の図を参考に、文字をそれぞれの位置に移動します。

「12 海里」は区切り線の中央、かつ、「領海」の点字の 6 の点から 25 ドット下です。「排他的経済水域」は区切り線間の中央、かつ、基線から 22 ドット下に離れた位置です。

「公海」は左側の区切り線から 22 ドット、基線からも 22 ドット下に離れた位置です。「200 海里」は双方向の矢印の中央、かつ、軸の高さと文字列の 2 の点とが同じ高さとなる位置です。

「大気圏内」は「領空」の点字の 1 の点から 25 ドット上です。

「（基線）」という文字列は、右端の位置で基線から 22 ドット上の位置になります。いずれも文字列を囲むように、頂点と対角を指定し移動させます。

❸「領海」「12 海里」を右側にも配置する

［平行複写］→［長方形領域を対象に指定］→［全点種対象］を選択

先に配置した左側の「領海」「12 海里」をもう 1 箇所の右側領海区域に配置します。区切り線と文字列をともに囲むように頂点と対角を指定します。複写先へは平行に移動し、区切り線が重なる位置で指定します。右クリックで終了します。

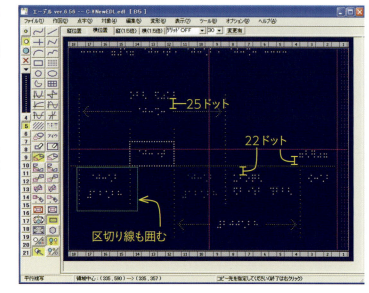

8 全体の位置修正

●図全体を上に移動する

［平行移動］→［長方形領域を対象に指定］→［全点種対象］を選択

下のほうに描かれている図を上に移動します。図全体を囲むように頂点と対角を指定し、〈横40〉移動した位置を指定します。

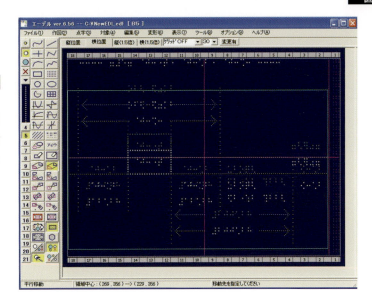

応用・活用編

第11章

2枚に分図して表す天球図

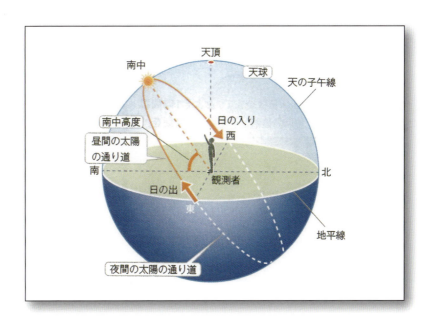

【原図出典】 啓林館 「未来に広がるサイエンス 3年」（平成23年2月4日検定済み）p32

2枚に分図して天球図を描く

【1枚目】「南中高度」 　　　　　【2枚目】「日の出、日の入り」

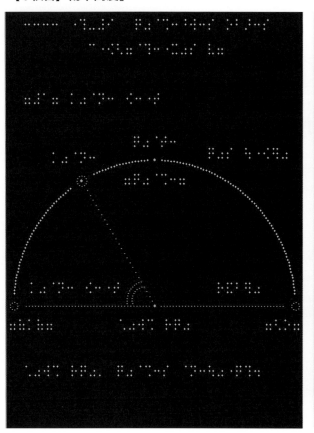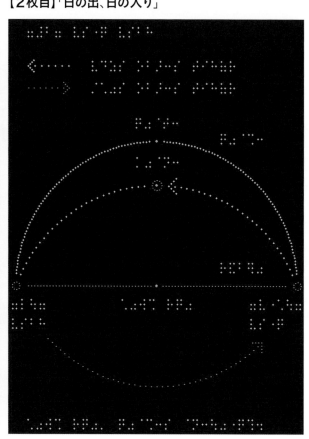

完成した2枚に分図して表された点図

【点図化にむけて】

点図では基本的に斜めから見た図は描きません。視覚障害者が触って内容がわかる図にするために、真上から見た図や正面から見た図、あるいは真横から見た断面図のような図に置換しなければなりません。

原図は、1枚の図の中に、南中の角度の表現と、日の出・日の入りの太陽の動きの2種類の情報があります。
この原図を今回点図化するにあたっては、2枚の天球断面図に情報を分けて（分図して）伝えることにします。
1枚目が「南中高度」で、南中高度の角度を横から見てわかるように、天球を南北に輪切りします。
2枚目が「日の出、日の入り」で、太陽の天球上の動きを表現するには、天球を東西に輪切りします。
また、この断面図では、地平線の中央は天球の中心であり、そこに観測者が立っていることを文で付け加えて読み手に伝えます。なおこの場合、観測者の形は省略し、観測地点の位置のみを示します。

1枚目：「南中高度」の描き方

1 文字を書く

●タイトルと1枚目の見出し語を書く

［点字の書き込み］→［両面（表）タイプ定位置］を選択

図のタイトルとして、2行目の位置に「図9 天球上の太陽の動き（秋分の日）」と2行で書きます。
その次の行は1行空けます。
1枚目の見出しとして「(1) 南中高度」を5行3マス目から書きます。

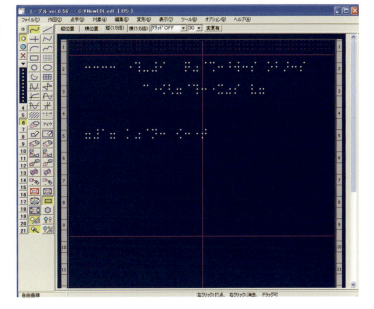

2枚に分図して天球図を描く

2 南中高度を描く

❶地平線を描く
［縦線・横線］→［点サイズ小］→［5］を選択

地平線として、小の実線で横線を引きます。この地平線は観測地点が天球の中心であることを示す基準線となります。ここでは座標〈10，490〉を始点に指定し、長さ460ドット右方向の位置を終点に指定します。この460ドットが後で描く天球半円の直径の長さとなります。

❷半円（天球断面の外形）を描く
［円弧］→［点サイズ中］→［5］→［全点種対象］または［対象点種から指定点種を除外］を選択

天球断面の半円は円弧機能を用います。地平線の中心から左方向で半径を決め、右方向で角度を決めます。半円の中心の座標は〈240，490〉です。ここでは半径に230の位置を指定し、ステータスバーに中心角180.0°が表示された位置を指定します★1。

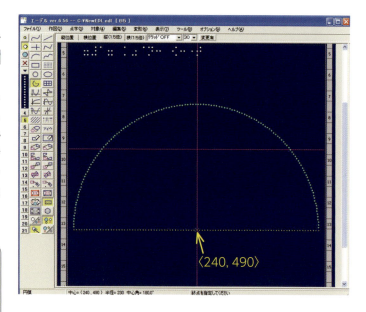

> **覚えておくと便利！ ★1**
> 円弧機能では、半径の位置を指定すると0〜360の時計回りで、ステータスバーに小数第1位まで表示されます。

❸地平線上の中心から半円上の南中の位置までの南中高度の線を描く

［斜線］→［点サイズ小］→［9］→
［対象点種を指定点種のみに限定］を選択
南中高度を示す角度のための線は、地平線の中心から南（左斜め上）の方角に描きます。半円の中心の座標〈240，490〉を始点に指定し、ここではだいたい原図に近い角度に見当をつけて、半円上の座標〈121，293〉を終点に指定します。

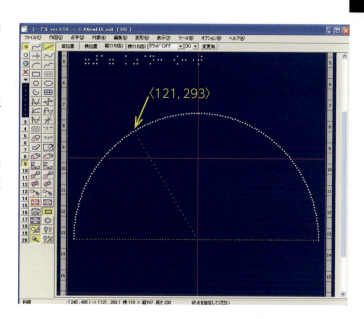

❹南中の太陽を描く

［円］→［点サイズ小］→［4］を選択
半円上にある南中の太陽を描きます。❸の南中高度を示す斜線と半円が交わる座標〈121，293〉を中心にして小の実線で半径8ドットの円を描きます。
［自由曲線］→［点サイズ大］を選択
次に、いま描いた太陽の小円の中心に大点を1個打ちます。円の中心の座標は〈121，293〉です。

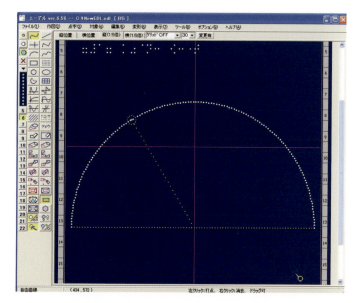

2枚に分図して天球図を描く

❺南中の太陽の印の接近点を消す

［自由曲線］→［点サイズ中］→［5］
を選択

南中の太陽の小円が触りやすくなるために、太陽に接近する天球半円上の中点をいくつか消去します。円の中心から左右ともに4個ずつ消去します。右クリックで消去します。

［領域を指定して消去］→［点サイズ小］→［対象点種を指定点種のみに限定］
を選択

次に、南中の太陽の小円のすぐ外側に接近している斜線の小の点を1個消去します。消去する範囲の頂点と対角を指定します。

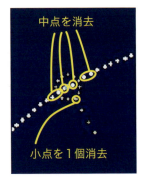

ADVICE

近点を消去するには［自由曲線］選択時と［領域を指定して消去］選択時の2つの消去機能が使えます。ただし、1ドット隣に消したくない点があるような細かな消去が求められるときには、［領域を指定して消去］の機能を用い、確実に消したい点のみを囲む必要があります。

❻角度を表わすマークのための曲線を引く

［弓線］→［点サイズ小］→［4］を選択

地平線と、南中高度の斜線との間の角度を示すマークとして、二重の曲線を引きます。内側の曲線はここでは座標〈222，460〉を始点に指定し、座標〈205，490〉を終点に指定します。外側の曲線は座標〈217，452〉を始点に指定し、座標〈195，490〉を終点に指定します。それぞれの弓の幅（曲がり）には9を指定します。

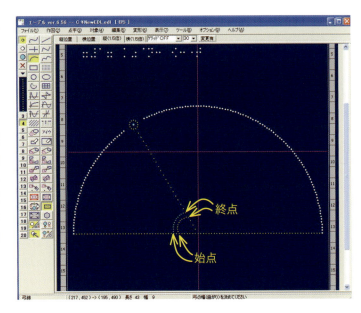

❼ 方位の印を描く

[円] → [点サイズ小] → [4] → [全点種対象] または [対象点種から指定点種を除外] を選択

地平線上で天球の半円が重なる位置に、「南」「北」の方位の印として、小円を入れます。左端では、小円の中心座標は〈10，490〉、右端の小円の中心座標は〈470，490〉を指定し、小の実線にて半径6ドットの円をそれぞれ描きます。

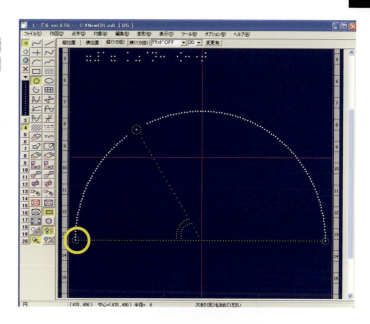

❽ 方位の印の接近点を消す

[領域を指定して消去] → [点サイズ小] → [長方形領域を対象に指定] → [対象点種を指定点種のみに限定] を選択

方位を示す小円の印を触りやすくするために、地平線の小点を消去します。左右の2箇所ともに、3個ずつ（方位の印の中の1個と外の2個）地平線の小の点を消去します。消去したい範囲を囲むように頂点と対角を指定します。

[領域を指定して消去] → [点サイズ中] → [長方形領域を対象に指定] → [対象点種を指定点種のみに限定] を選択

次に、方位の印をさらに触りやすくするために、天球半円上の中点を消去します。左右2箇所ともに方位の印の中心を含めた4個ずつを消去します。消去したい範囲を囲むように頂点と対角を指定します。

中点を消去

円の中の小点と外の小点を消去

ADVICE

[変形] → [異常接近点の処理] の機能を用いても、ここでの方位の印に接近する点を自動的に処理することができます。しかし、この「接近点の自動処理」を用いるときは、消したくない点も消去されることがあるので、注意が必要です。

2枚に分図して天球図を描く

❾天頂の印を描く
［自由曲線］→［点サイズ大］を選択
天球半円の中央に天頂の印として大の点1個を描きます。座標〈240，260〉の位置に大点を1個打ちます。

❿天頂の印の左右の点を消す
［自由曲線］→［点サイズ中］を選択
天頂の印のための大の点を触りやすくするために、天球半円上の中点を消去します。大の点の左右ともにそれぞれ2個ずつ消去します。右クリックで消去します。

⓫観測地点の印を描く
［自由曲線］→［点サイズ大］を選択
地平線の中央の位置に観測地点の印として大の点を入れます。座標〈240，490〉の位置に大点を1個打ちます。

⓬観測地点の印の左右の点を消す
［自由曲線］→［点サイズ小］を選択
観測地点のための大の点を触りやすくするために、地平線の小点をいくつか消去します。大の点の左右ともにそれぞれ1個ずつを消去します。右クリックで消去します。

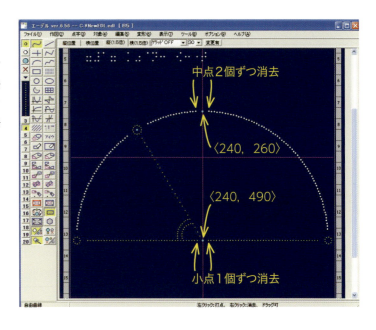

3 配置する文字を書く

❶文字を仮の位置に書く

［点字の書き込み］→［任意の位置］を選択

「(南)」「観測地点」「(北)」「南中高度」「地平線」「(天球)」「南中」「天頂」「天の子午線」の文字を、それぞれ配置する位置の近くに仮に書いておきます。

> **ADVICE**
>
> ［点字の書き込み］［任意の位置］を選択し位置を決めた後、［Shift＋矢印キー］で位置を微調整する機能があります。

❷文字を移動する

［平行移動］→［点サイズ中］→［長方形領域を対象に指定］→［対象点種を指定点種のみに限定］を選択

見本の点図を参考にして、❶で仮に書いておいた文字をそれぞれの位置に移動します。移動先では隣り合う要素との間隔（配置したい図の線や点との間）を22ドット離して配置します。それぞれの文字を囲むように頂点と対角を指定して平行移動します。

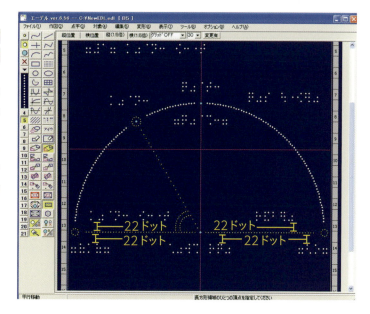

2枚に分図して天球図を描く

❸説明文を付け加える

［点字の書き込み］→［両面（表）タイプ定位置］を選択

図を補足するための説明文を書き足します。天球を南北面にて輪切りに下断面図として描いていることと、観測地点（観測者の形は省略している）が天球の中心であることを説明するための文です。16行3マス目から「観測地点は天球の中心です。」と書きます。これで1枚目の「南中高度」の図は完成です。ここで保存します。

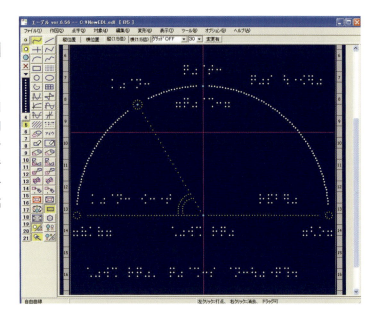

2枚目：
「日の出、日の入り」の図の描き方

4 2枚目の図のための準備

❶1枚目の図「南中高度」を再利用するために、そこから不要な部分を消す

［領域を指定して消去］→［全点種対象］→［多角形領域を対象に指定］を選択

1枚目の図「南中高度」を利用して2枚目を描きます。
(1)「天の子午線」「南中高度」「(天球)」の文字を消します。
(2)南中の太陽、南中角マークの二重線、南中高度を示す斜線、天頂の印の大の点、天球の半円を消去します。
(3)これら消去の対象となる部分を連続線で囲んで消去します。多角形領域の消去では、始点を指定し、囲み終わりも始点の位置になります。

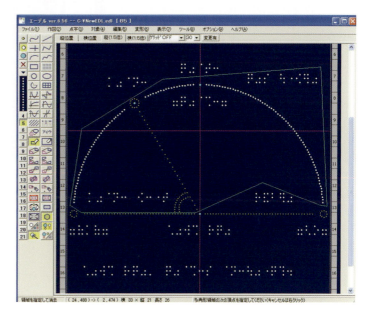

ADVICE

［多角形領域を対象に指定］は入り組んだ部分を囲むときに使います。囲み間違えないようにします。

---

❷「(北)」「(南)」の点種を補点に変更する

［点サイズの変更］→［対象領域を指定して変更］→［対象点種：中点→変更後：補点］を選択

2枚目に必要な文字列はそのまま残します。ただし、位置の目安となる部分の文字列の点は補点に変更します。

　ここでは、「(北)」「(南)」の文字列を補点に変更します。点種変更したい文字を囲むように頂点と対角を指定します。「地平線」「南中」「天頂」「観測地点」の文字はそのまま残しておきます。

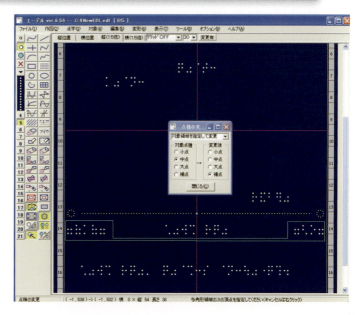

2枚に分図して天球図を描く

❸一時的に図を保存する

メニューの［編集］→［切り取ってクリップボードへ］→［全点種］→［長方形領域を対象に指定］を選択

一時的に、図と図内の文字をクリップボードに保存しておきます。必要な範囲を囲むように頂点と対角を指定します。タイトル、5行目の見出し、16行目の説明文は囲みません。

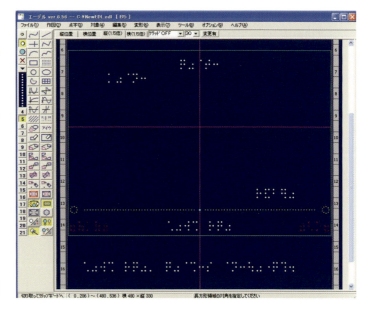

❹白紙にする

メニューの［ファイル］→［新規作成］→［ファイルの保存］→［いいえ］を選択

ここで、新しい図の作成画面（白紙）にして2枚目を描く準備が完了です。

ADVICE

クリップボードへは、図と図内の文字が（最後の1枚のみ）保存されます。
再起動したときには、そのまま保存されていますから、呼び出して流用することができます。

---

5 文字を書く

●見出しと凡例の文字を書く

［点字の書き込み］→［両面（表）タイプ定位置］を選択

2枚目に描く図の見出しとして、「（2）日の出、日の入り」と2行3マス目から書きます。また、今回の図には、図内で用いる2種類の矢印線が何を示すのかを説明するための凡例が必要となります。そのための文字列として、3行目と4行目の中央付近にそれぞれ「昼間の太陽の通り道」「夜間の太陽の通り道」の2行を仮に書いておきます。

6 2種類の矢印線の凡例を完成する

❶2種類の矢印線の軸を描く

[縦線・横線] → [点サイズ中] → [11] を選択

まず、昼間の太陽の動きを表わす矢印線を中の点線にて描きます。鏃は後で描きます。ここでは矢印の軸の座標〈30，100〉を始点に指定し、長さ66ドット右横の位置を終点に指定します。

[縦線・横線] → [点サイズ小] → [10] を選択

次に、夜間の太陽の動きを表す矢印線を小の点線にて描きます。鏃は後で描きます。ここでは矢印の軸の始点の座標は〈30，135〉、長さは66ドットです。

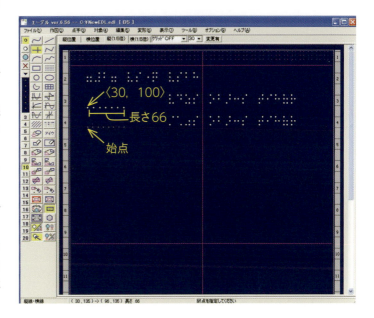

❷矢印の先端部分を描く

[斜線] → [点サイズ中] → [5] を選択

昼間の太陽の動きを示す中の点線矢印の鏃は軸の左側につけます。鏃の線は軸の線と異なり実線とします。座標〈30，100〉が鏃の始点となります。まずはここから右上に中の点が3個現れる長さで、ステータスバーの表示が〈横9×縦9〉となる位置を終点に指定し右上方向の鏃を完成させます。続いて、同じ座標を始点として、今度は右下に向けても中の点が3個の鏃の線を同じ要領で描きます。

[斜線] → [点サイズ小] → [4] を選択

夜間の太陽の動きを示す小の点線矢印の鏃は軸の右側につけます。鏃の線は軸と異なり実線とします。座標〈96，135〉が始点となります。まずはここから左上に小の点が3個現れる長さで、ステータスバーの表示が〈横9×縦9〉となる位置を終点に指定し左上方向の鏃を完成させます。続いて、同じ座標を始点と

2枚に分図して天球図を描く

して★2、今度は左下に向けても小の点が3個の鏃（やじり）の線を同じ要領で描きます。

> **覚えておくと便利！ ★2**
> ［Ctrl］キーを押すと、直前に引いた線の始点を再度始点に指定することができます。

❸**矢印線の説明文字列を移動する**
［平行移動］→［点サイズ中］→［長方形領域を対象に指定］→［対象点種を指定点種のみに限定］を選択
中点で描かれた矢印には「昼間の太陽の通り道」、小点で描かれた矢印には「夜間の太陽の通り道」の文字列をそれぞれ平行移動し配置します。文字列の高さは、矢印の軸と点字の2の点が横並びとなるように合わせます。矢印の右端からは2文字分の間隔（ここでは39ドット）空けて配置します。

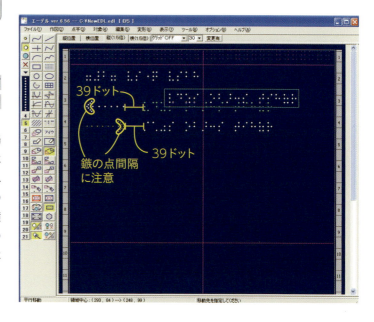

7 天球上の太陽の動きを描く

❶**基準線となる地平線の位置を決める点を描く**
［自由曲線］→［点サイズ大］を選択
先ほど、クリップボードに一時的に保存した図を貼り付けるための目印を描きます。観測地点の位置となる地平線の中央、ここでは座標〈240, 450〉に大の点1個を打ちます。

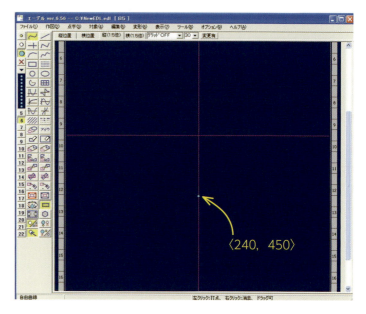

❷保存した図を取り出す

メニューの［編集］→［クリップボードからの貼り付け］を選択

クリップボードから呼び出した図の大点と、❶で描いた大の点を重ねクリックします。右クリックで終了します。

❸天球半円を描く

［円弧］→［点サイズ中］→［5］→
［全点種対象］または［対象点種から指定点種を除外］を選択

天球を表わす半円を描きます。地平線上中央にある大点の座標〈240，450〉を円の中心にして、左に半径230の位置を指定し、ステータスバーに中心角180.0°が表示された位置を指定します。

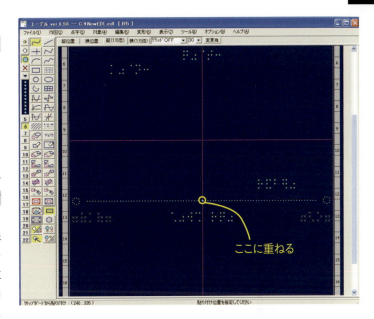

ここに重ねる

❹天頂の印を描く

［自由曲線］→［点サイズ大］を選択

天球上の中央の位置に大の点にて天頂の印を描きます。座標〈240，220〉に大点1個を打ちます。

❺天頂の印と天球の方位の印にそれぞれ接近する点を消去

［自由曲線］→［点サイズ中］を選択

(1)天頂の印の大の点に接近する天球半円上の中点を消去します。ここでは、大の点の左右ともにそれぞれ2個ずつ消去します。

(2)天球が地平線と交わるところにある左右の方位の印の小円部分では、方位の中心を含めて中点を4個ずつ消去します。右クリックで消去します。

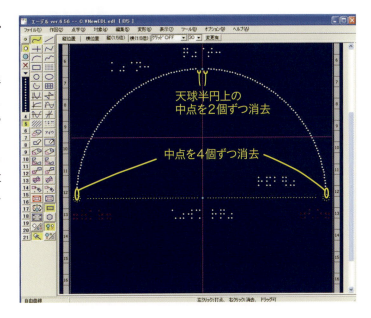

天球半円上の中点を2個ずつ消去

中点を4個ずつ消去

2枚に分図して天球図を描く

❻昼間の太陽の動きを描く
［弓線］→［点サイズ中］→［10］→
［対象点種を指定点種のみに限定］を選択
昼間の太陽の通り道を地平線より上に描きます。カーソルを座標の数字に正確に合わせて始点をクリックします。
座標〈10，450〉が始点です。座標〈470，450〉を終点に指定し、弓の幅（曲がり）160を指定します。

ADVICE

方位の印の小円の中心を始点に指定する今回の操作では、始点としてつかみたい中の点がすぐそばにある異なる点種（方位の印の小円の点）と近接しています。このように、つかみたい点種と、つかみたくない異なる点種が近接する場合、［対象点種を指定点種のみに限定］となっているかを確認してください。
確実に対象点種の選択（ここでは点サイズ中）をしなければ、カーソルを座標に合わせてクリックしても、その座標ではなく、小円の右下にあたる小の点の座標をとらえてしまうことがあるからです。

---

❼夜間の太陽の動きを描く
［弓線］→［点サイズ小］→［9］→
［対象点種から指定点種を除外］を選択
夜間の太陽の通り道を地平線より下に描きます。昼間と始点・終点を同じ位置にし、弓の幅（曲がり）160を指定します。

❽南中の太陽を描く
［円］→［点サイズ小］→［4］→［全点種対象］または［対象点種から指定点種を除外］を選択
昼間の太陽の通り道の中央の位置に南中の太陽として小円を描きます。座標〈240，290〉を点の中心にして小の実線で半径8ドットの円を描きます。
［自由曲線］→［点サイズ大］を選択
小円の中心、座標〈240，290〉に大点を1個打ちます。

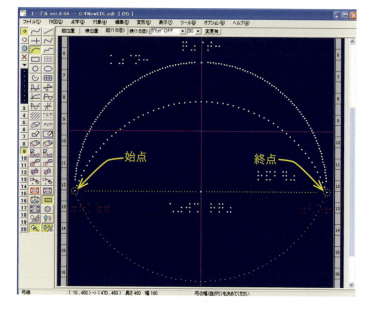

❾太陽の動く道に関わる接近点を消去

［自由曲線］→［点サイズ中］を選択
南中の太陽を示す小円と方位のための小円をそれぞれ触りやすくするために、太陽の通り道の中点を消去します。
(1)南中の太陽の印部分では、左右ともにそれぞれ中の点を1個ずつ消去します。
(2)方位のための小円部分では、左右2箇所ともに、小円の上1個ずつ中の点を消去します。

［自由曲線］→［点サイズ小］→［3］を選択
(3)方位の小円の内部の小の点を消去します。左右の小円2箇所ともに、それぞれ1個ずつ消去します。

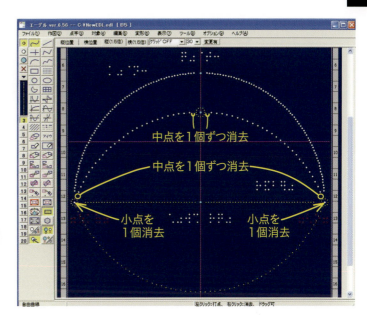

8 文字を書く

❶必要な文字を仮の位置に書く

［点字の書き込み］→［任意の位置］を選択
「天球」「(西)」「日の入り」「(東)」「日の出」の文字列を、それぞれの位置の近くに仮に書いておきます。ただし、「(西)」「日の入り」と「(東)」「日の出」は書き出し位置をそろえて2行に書きます。

❷文字を移動する

［平行移動］→［点サイズ中］→［長方形領域を対象に指定］→［対象点種を指定点種のみに限定］を選択
見本の点図を参考にして、「天球」「(西)」「日の入り」「(東)」「日の出」を要素間との間隔16〜24ドットの範囲で離した位置（ここでは22ドット）へ移動します。地平線より下に配置する文字「(東)」「(西)」は、補点に重ねると最適な位置になります。

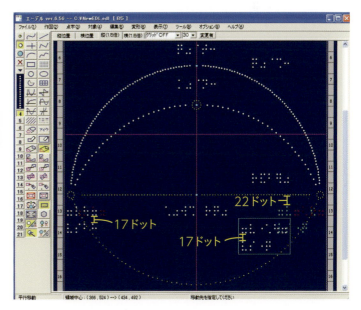

2枚に分図して天球図を描く

❸文字の間にある点を消去する

[領域を指定して消去] → [点サイズ中] → [長方形領域を対象に指定] → [対象点種から指定点種を除外] を選択

消去する範囲は方位の印の小円から文字の下22ドット離した部分までです。小円の下側にある補点と、この部分の小点を消します。消したい部分を囲むように頂点と対角を指定します。

❹矢印の先端部分を描く

[斜線] → [点サイズ中] → [対象点種を指定点種のみに限定] を選択

日の出からの昼間の太陽の道では、南中の太陽の手前に矢印の先端部分を描きます。鏃の線は中の実線にします。座標〈260, 291〉を始点にし、ステータスバーの表示が〈横12×縦12〉となる位置を終点に指定します。反対側も描きます。

[縦線・横線] → [点サイズ小] → [5] を選択

日の入りからの夜間の太陽の道では、「日の出」という文字の手前に矢印の先端部分を描きます。鏃は小の実線にします。座標〈411, 540〉を始点にし、長さ15ドットの位置を終点に指定します。反対側も描きます。

❺説明文を書く

[点字の書き込み] → [両面（表）タイプ定位置] を選択

2枚目のこの図にも、1枚目同様、図の理解を補足するための説明文を書きます。18行3マス目から「観測地点は天球の中心です。」と書き加えます。

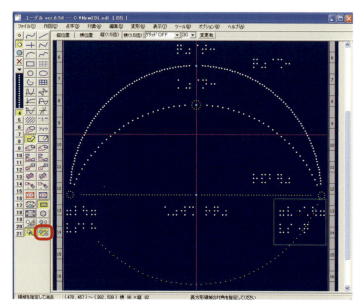

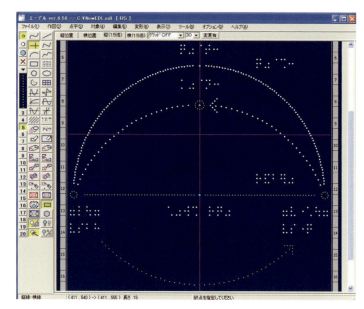

索引

【アルファベット】
ESA721 ver.'95　5, 8
ＴＥＮ-10　8
ＴＥＮ-100　8
Ｘ軸　47
Ｙ軸　47

【あ】
異常接近点の検出　51, 80, 107
異常接近点の処理　14, 131
一次関数　44
印刷　8
インストール　6
エーデル　5, 6, 7, 8
エーデル7　7
円　39, 78, 108, 129, 131, 140
遠近法　19
円グラフ　76, 77
円弧　128, 139
円錐　34, 35, 39
凹線方眼　66
折れ線　64, 106, 107
折れ線グラフ　56, 66

【か】
カナ表示から点字表示に変更（F9）　27, 35, 45
起動　7
切り取ってクリップボードへ　136
弓線　64, 95, 130, 140
グラフ点訳　84
グラフ線　50, 64, 66
グラフの大きさ　78
グラフ棒　72
グリッド機能　47
クリップボードからの貼り付け　139
格子点方眼　66, 85, 86
合理的配慮　87

【さ】
作図　4, 15
四角錐　34, 35, 36
下絵（画像）　102, 104, 108
実験図　90
始点を再度始点に指定（CTRL）　93, 117, 138
斜線　29, 36, 38, 93, 97, 120, 129, 137, 142
自由曲線　37, 40, 50, 54, 61, 71, 82, 94, 96, 98, 130, 132, 138, 139, 140, 141
終点を始点に指定（SHIFT）　38, 82, 94
上下左右対称複写　61, 72
初期設定　10
スキャナ　103
図形点訳　9

ステータスバー　11, 28, 29, 41, 128
図の大きさ　114
正方格子　72
その場で回転移動　96
その場で回転複写　79

【た】
対象点種　12, 31, 36, 39, 84, 96, 109, 131, 135, 138, 139, 140, 141, 142
ダウンロード　4, 6
縦線・横線　30, 52, 60, 62, 71, 73, 79, 81, 93, 94, 95, 115, 116, 117, 120, 128, 137
断面図　20, 98, 112
地図　106
長方形　36, 98, 116
直角三角形　26
点間隔　14, 15
天球図　126
点サイズの変更　39, 119, 135
点字の書き込み→片面タイプ定位置　91, 113
点字の書き込み→任意の位置　64, 99, 133, 141
点字の書き込み→両面（表）タイプ定位置　27, 35, 45, 57, 69, 78, 103, 113, 127, 134, 136, 142
点字の書き込み→両面（裏）タイプ定位置　92
点字プリンタ　8
点種　14, 15, 84
凸線方眼　85, 86

【は】
凡例　22, 136, 137
藤野稔寛　5
平行移動　31, 32, 41, 53, 54, 63, 65, 73, 74, 97, 99, 109, 122, 123, 133, 138, 141
平行複写　32, 37, 40, 41, 49, 53, 62, 63, 83, 96, 121, 122
棒グラフ　68
補点　5, 39, 65, 66, 96, 97, 103, 135, 141

【ま】
右下から点の位置を決める機能　12
見取り図　19

【や・ら・わ】
矢印＋文字列　21
矢印線　137
立体（四角錐・円錐）　34
領域を指定して消去　38, 80, 130, 131, 135, 142
領空　120
領土　116
横位置　78, 91, 113
枠線　60

著者紹介

長尾 博（ながお　ひろし）
　1958年、滋賀県生まれ。滋賀県立盲学校理療科を経て立命館大学文学部史学科卒。母校にて教壇に立つ。中・高等部社会科系授業を担当しつつ、自立活動・重複教育にも関心を深める。2008年、広島大学大学院博士課程前期を修了、滋賀県立視覚障害者センター就労支援員、滋賀大学教育学部講師を経て、現在、宮城教育大学教授（専門は視覚障害教育）。著書に『パソコンで仕上げる点字の本＆図形点訳』（読書工房）がある。
●ホームページ「ムツボシくんの点字の部屋」　http://nagao.miyakyo-u.ac.jp/
●メール　nagao@staff.miyakyo-u.ac.jp

畑中滋美（はたなか　しげみ）
　福井県敦賀市出身、滋賀県在住。年を重ねても続けられるものを模索していたある日、ふと見つけた滋賀県立盲学校の「点字の世界」講座の案内が点字との出会い。点筆と点字盤からコンピュータによる点訳へ、凹面打ちから凸面打ちへとようやく慣れたころ、今度はMS-DOSからWindowsへ……、目まぐるしい変化の中で、そのつど新しい刺激を受けながら点訳を続ける。1990年、点訳サークル「ぽちぽち会」結成に関わる。滋賀県立盲学校の講座「点字の世界」で、約10年、図形点訳コースの講師を務める。『パソコンで仕上げる点字の本＆図形点訳』（読書工房）では作図を担当した。

まねて覚える点図入門
― エーデルがひらく図形点訳の世界 ―

2015年1月20日　初版第1刷
2015年4月30日　初版第2刷

著者
長尾 博・畑中滋美

編集人
村上 文

発行人
成松一郎

発行所
有限会社 読書工房
〒171-0031　東京都豊島区目白3-21-6 ヴェルディエ目白101
電話：03-5988-9160　ファックス：03-5988-9161
Eメール：info@d-kobo.jp　　http://www.d-kobo.jp/

本文デザイン
斉藤麻実子

表紙デザイン・イラスト
森 華代

印刷・製本
株式会社 厚徳社

©Nagao Hiroshi, Hatanaka Shigemi 2015 Printed in Japan
ISBN978-4-902666-34-2 C0037
落丁・乱丁本は、送料小社負担でお取り替えします。